**コンセプトと基本アイディア**
　フェルナンド・ファレホ
　AKインタラクティブ

**編集補佐**
　ルベーン・ゴンサレス

**アート・ディレクション**
　AKインタラクティブ

**英文**
　ルーク・イェイツ

**グラフィック・デザイン**
　BMSデザイン
　AKインタラクティブ

**企画・製作**
　AKインタラクティブ
　www.ak-interactive.com
　Follow Facebook

©2015 AKインタラクティブ

## 戦車模型斬新海外テクニック8選
### 欧州モデラー 4人が見せる"そのとき"と"今"
フォーバイツー日本語版

**日本語版編集**
　石井栄次
　望月隆一

**日本語版デザイン**
　貫井孝太郎（貫井企画）

発行日　2016年12月28日　初版発行

編集人　木村学
発行人　松下大介
発行所　株式会社ホビージャパン
〒151-0053　東京都渋谷区代々木2-15-8
Tel. 03-5304-7601（編集）
Tel. 03-5304-9112（営業）
URL：http://hobbyjapan.co.jp/
印刷所　株式会社廣済堂

乱丁・落丁（本のページの順序の間違いや抜け落ち）は
購入された店舗名を明記して当社パブリッシングサービス課までお送りください。
送料は当社負担でお取り替えいたします。
ただし、古書店で購入したものについてはお取り替えできません。

© HOBBY JAPAN
本誌掲載の写真、図版、イラストレーションおよび記事等の無断転載を禁じます。

Printed in Japan
ISBN978-4-7986-1358-1　C0076

Publisher/Hobby Japan.
Yoyogi 2-15-8, Shibuya-ku, Tokyo 151-0053 Japan
Phone +81-3-5304-7601　+81-3-5304-9112

www.ak-interactive.com　　Follow us on

# 4×2
## はじめに

　第二次大戦中の軍事行動で有名な戦場となった町の近辺には、その場所で行なわれた大小の戦闘を想起させる記念碑や石柱などの史跡が多く見られます。これらの記念碑は小さな銘板や、歴史を物語る言葉を記したシンプルな石碑の場合もありますが、火砲や車両のパーツの一部を流用していることがあります。戦場に遺棄された車両などは当時の歴史を思い出させるには格好のものですが、これらの記念碑的なものは当時の色や迷彩を適当に模した派手な明るい色で塗られたものになっています。

　これらの記念碑を前にすると、もっと他の方法で、当時の地獄のような状況を想像させる方法はないかと考えませんか？　モデラーなら、その車両に乗っていた戦士たちの精神に心を重ねたくなるでしょう？　その当時、本当に起こっていたことを想像したいと思いませんか？

　4人のモデラーが参加した本書では、それぞれに異なる環境下におかれた4×2＝8両の製作記を通じて、モデラーそれぞれが思い描いたヴィジョンを提示します。まず1両目は、その車両が発見された前線や戦場における外観の状態、環境への適応の様子を提示します。続いて2両目は、その車両が戦場で破壊されて数ヶ月後の状態となったり、記念碑として過酷な戦闘を思い起こさせる風景の一部となった状態を再現します。

　スフェン・フリッシュの場合は、ドイツ軍のIV号突撃戦車ブルムベアをテーマとします。1943年4月、オーストリアのニーベルンゲンヴェルクで完成したばかりの無塗装の状態と、その年の7月、東部戦線のクルスクにおける激しい戦いで破壊された状態を、見事なディオラマで再現します。

　ドミンゴ・エルナンデスは、2通りのアメリカ軍M4A3シャーマン ジャンボを見せてくれます。ひとつは1945年初頭、バルジの戦い真っ盛りのアルデンヌの森での状態、もうひとつはその約70年後、同じ車両がベルギーのどこかで埃をかぶりコンクリートのベースに設置されている状態です。

　ミチェル・ペレスは、イギリス軍のクロムウェルMk.IVを製作します。1944年6月中旬のノルマンディ戦でソードビーチに上陸後、カーン市街での戦いに向かう途上のもの。そして今日、ウイストルアムとサントーバン＝シュル＝メール間の道端に展示されている同じ車両が、長い年月による影響を受け、苔むしている状態の2つです。

　そして最後に、私ルベーン・ゴンサレスが製作した2両のT-34-76をご紹介します。ひとつは1943年冬、泥まみれで冬季装備が特徴的な、激戦のレニングラード戦線における車両、もうひとつは翌年にブダペシュトの街路で破壊された同様の車両です。

　本書では、モデラーそれぞれの塗装やウェザリングなどの個性的な方法がよくわかることでしょう。これらの方法をガイドとして、読者の方々が自分自身のヴィジョンを発見できる助けになれば、これに勝る喜びはありませんし、私たちもそうなることを望んでいます。

ルベーン・ゴンサレス・エルナンデス

## 戦車模型斬新海外テクニック8選
### 欧州モデラー4人が見せる"そのとき"と"今"

| | |
|---|---:|
| ブルムベア　in 製造工場 | 5 |
| ブルムベア　撃破された状態 | 16 |
| M4A3E2 シャーマンジャンボ in アルデンヌ | 33 |
| M4A3E2 シャーマンジャンボ in 博物館 | 54 |
| クロムウェルMk.IV in アクション | 71 |
| クロムウェルMk.IV in モニュメント | 88 |
| T-34-76　レニングラードの英雄 | 101 |
| T-34-76　ブダペシュトの残骸 | 120 |

# STURMPANZER IV // 80507

*Sven Frisch*
スフェン・フリシュ

# IV号突撃戦車 #80507
## ある突撃戦車の誕生と終焉

### 裸のハイイログマ　　O.K.

　1942年から1943年、スターリングラードでの激しい市街戦闘の戦訓により、堅固な建築物を効果的に破壊可能な火力を持つ重装甲車両の必要性が高まりました。当時すでにI号戦車およびIII号戦車の車台に15cm sIG 33 榴弾砲を搭載した車両が存在しましたが、両車ともさまざまな弱点を抱え、とくに装甲厚不足が深刻な問題でした。

　これに伴い、IV号戦車の車台を利用した新たな車種「突撃戦車」の開発が始まります。主砲はシュコダで開発された15cm 突撃榴弾砲（Stu.H）43 L/12 を搭載。砲弾はsIG 33 榴弾砲と同一のものを発射可能でした。1943年4月から最初のシリーズ生産となる60両の生産を開始、ほとんどがIV号戦車G型の車台が使われましたが、一部は前線から還納されたE型およびF型を修理した車台も使われています。

　現在、この車両は「ブルムベア」という愛称で広く知られていますが、実際は第二次大戦後に連合国側の情報機関によって与えられた名称です。ドイツ軍ではただ単に「Sd.Kfz.166」または「IV号突撃戦車」と呼んでいました。

　突撃戦車を最初に装備した実戦部隊は、1943年4月末に編成された第216 突撃戦車大隊でした。この部隊はクルスク突出部での戦車戦で有名な「ツィタデレ作戦」で初陣を飾っています。

　今回製作した2両のモデルでは、特定の車両、すなわち突撃戦車シャシー番号 #80507 の一生を再現します。ひとつは生産ラインで完成したばかりの車体を、そしてもうひとつはロシア戦線の大草原で破壊された同じ車体を再現します。

### 遠すぎた草原　　K.O.

　タイトルの示す通り、2両目のロシアの大草原で最期を迎えた車両について解説します。IV号突撃戦車は、1943年の東部戦線での戦況を挽回すべく準備された新型戦車のうちのひとつでした。クルスク突出部でのドイツ軍の攻撃は、IV号突撃戦車のみならずフェルディナント、パンターなどが前線に揃うまでの間、幾度となく延期されました。

　IV号突撃戦車は新編された第216 突撃戦車大隊とともに実戦参加し、新戦車ながらよい働きを見せました。しかし激戦が終わってみると、多数の新型戦車をロシアの草原に放棄したまま後退を余儀なくされ、ドイツ国防軍はこの戦線に大きな進出を成し遂げられませんでした。

　2つ目のモデルは、長い間私の模型棚で埃をかぶっていた「棚の上の女王」です。トライスターのIV号突撃戦車の発売当時、まだドラゴン／サイバーホビーからの新キットの予定はアナウンスされておらず、まさに待望のキットでした。2009年に製作を始めましたが、合いの悪さやディテール不足といった大きな問題に直面したために中断していました。数年後にこの企画に参加することが決まり、このキットをようやく完成させることになりました。

　正直なところ、トライスターよりもドラゴン／サイバーホビーのほうがあらゆる面でよい選択といえますが、トライスターのキットならではの長所もあります。それは各部の装甲板がスケール的に正しい厚さで再現されていることです。また戦闘室は一体成型ではなく、別々の板を箱組みする構成のため、装甲板のダメージ表現が容易です。一部の控えめなディテールを解決するために、ドラゴンのIV号突撃戦車のキットをもうひとつ購入し、正確な転輪を入手。またトライスターのものより良好と判断した細部パーツを流用しました。

# STURMPANZER IV # 80507

## 組み立て

製作するキットはサイバーホビー ホワイトボックス「IV号突撃榴弾砲"ブルムベア"初期型」(品番6497)です。もうひとつの作品は車体内部の再現があり、それらの工作に集中したかったので、この作品ではアベールのエッチングパーツを少々追加している以外は、ほぼストレート組みで製作しています。

このキットは限定生産でしたが、友人のヨルグ・ルー氏の助けを借りてこの特別なキットを入手。彼のおかげで、トライスターのキットをもうひとつの作品に回すことができました。

サイバーホビーのキットは素晴らしい内容で、かつ短時間で組み立てることができます。車外工具の留め具類はアベールのエッチングパーツに交換。履帯はフリウルモデル(品番ATL-08)の金属製可動履帯に交換しました。

1. サイバーホビーのキットは非常に良好で、箱の中のパーツだけで製作できる。後の作品と比べれば、この組み立ては週末の公園での散歩のような気楽さだった

2. キットに含まれているエッチングパーツはほんのわずか。排気マフラー上部の工具の留め具はアベールのものに交換している

3. 基本的にはストレート組みで追加工作を行なった箇所はほとんどない。前照灯のケーブルを銅線で追加したことくらいだ

## 塗装

この作品の目的は、無塗装の装甲板の様相を再現することです。つまり、車両がまだレッドプライマー塗装さえも施されていない、完成直後の状態にあるということです。この状態の再現には「ヘアスプレー・テクニック」が適しています。このテクニックは2006年にスコットランド人モデラーのフィル・スタチンスカ氏によって編み出されたものですが、今にして思えば軍用車両の塗装とウェザリングに新たな可能性を開いた、まさに革命的な手法といえるでしょう。

ヘアスプレー・テクニックは、剥がれ落ちた冬季迷彩をはじめ、さまざまなタイプの激しい塗装剥離を表現するための完璧な技法です。破壊された車両の表現については次の作品で詳述するので、ここでは未塗装の装甲板を描き出す場合について説明します。今回使用する塗装手法は、過去に非常に魅力的な「マイルド・スチール」表現を行なっていたアダム・ワイルダー氏の作品に大きく影響を受けたものです。

未塗装の装甲板は、まだ製造されたばかりの状態でも無数の色彩と効果が見られます。数日のうちに鉄の表面にさまざまな形態のサビが発生するため、表面の色彩は多彩です。数多くの効果を表面に作ることが可能なヘアスプレー・テクニックは、これらのサビ表現には最適といえます。

このテクニックは最近の出版物でも広く解説されているので、ほとんどのモデラーはよくご存知のことでしょう。下地の塗装を行なった後、その上に重ねて塗る塗料に対してのバリアーとなる「剥がし液」を塗ります。塗装後に、水を含ませた筆などの適切なツールを使って、バリアーを水で溶かすことによって塗装の一部を剥

1. AKインタラクティブの水性アクリル塗料、AK175グレープライマーをエアブラシで適用。手軽に使えて乾燥も非常に速く、ラッカー系サーフェイサーの代わりに使用できるよい塗料だ。モデルの下地塗装は以後の塗装作業で塗料の食い付きを良好にする。とくにこの後に多くのウェザリング工程を控えているのなら、非常に重要なプロセスとなる

2. 出発点として、ダークグレーを塗装。AK704 RAL7021 ドゥンケルグラウを使用、半ツヤの仕上がりとなる

3. 次に、AK088剥がれ表現液（チッピング控えめ）を塗布。約10年前にこのテクニックが発明された当時のヘアスプレーに代わり、現在はいろいろなメーカーから「剥がし液」が入手可能となっている

4. 続いて、明るいトーンのグレーを不規則に適用する

5. その後、古い筆を回転させるように動かして、部分的に取り除く。引っかき傷はツマヨウジを使っている

6. 剥がれ表現液をもう一度適用した後、さまざまなサビ色のトーンを不規則なパターンで塗装。組み合わせたパネルを別々なものに見せるように、さまざまな色調が使われていることに注意

7. 再び塗料を適切に剥がしていく。以前に塗装した層を痛めないように、湿らせた筆のみを使用して、あまり強い圧力をかけないように作業しよう

8. ご覧の通り多数のカラーを使用し、数多くの層を繰り返し塗り重ねている。さらにサビの色調にバリエーションを追加するため、スポンジを使ってサビ色を塗布してもよいだろう

9. これまでのすべての色彩効果を統一するため、サビ色のウォッシングを行なう。このウォッシング塗料を選んだのは、水性で速く乾燥するという単純な理由である

がすことができます。多くの記事では、剥離作業を行なうごとにクリアーがけを行ない、作業後の効果を保護してから次の剥離作業を行なうように推奨しています。しかし今回は、それぞれの剥離後にはクリアーがけを行なわずに作業しました。その結果はご覧の通り非常に満足のいくものとなっています。

もし筆者のように各作業後にクリアーがけを行なわない場合は慎重に作業してください。理論的には複数の塗料の層を一度に剥がすことになるので、前に行なった剥離作業の効果を損なってしまうことがあるからです。注意点は、使用する水の量、塗料の種類、塗装の剥離に使用するツール、そして剥がす時の力の強さです。

これらの構成要素のひとつ、AKインタラクティブの水性アクリル塗料は私のお気に入りとなりました。今回初めて使用する塗料でしたが、剥がし液のAK088剥がれ表現液（チッピング控えめ）と共に、非常に良好な結果が得られました。

作品に豊かな表情を与えるためには、塗装時に広い範囲の色彩が必要です。茶色、赤、オレンジなどに加え、さまざまなトーンのグレーや青なども使用してみましょう。ここでのヒントは、さまざまな部分やパネルをマスキングし、それぞれの部分でわずかに異なる塗料を塗ることです。こうすると、別々の装甲板を貼り合わせたような効果を簡単に作り出すことができる上、見映えもずっと面白いものになります。もうひとつ強調したいことは、各パネルに施すさまざまな「フィルタリング」です。複数のサビ色のフィルターをかけることで、各装甲板の上に施した効果をさらに強調することができます。機関室上面と車体下部はすでにレッドプライマーが塗装された状態として、モデルに対比の効果を与えてみました。

このモデルの仕上げには数週間しかかかりませんでした。例えば、戦闘室の装甲板表現は週末の作業でした。ヘアスプレー・テクニックは剥離表現の可能性を広げるだけではなく、非常に早い作業が可能です。

私がこのモデルの上で使ったもうひとつの偉大な新しいアイテムは、アダム・ワイルダー氏が興したメーカー「ワイルダー」のドライデカールシート「WWII German factory markings for vehicles. Variant 1」（品番 HDF-DT-3503）です。ドイツの車両は、工場の製造ラインでの作業過程で、後続の作業員への連絡のためチョークでマーキングすることがありました。車両についてのコメントの場合もあります。1940年以前に制定されていた古いドイツの手書き書体「ジュッターリーン体」は、第二次大戦中でもまだ広く使用されており、当時の製造ラインにある車両でもよく見られますが、現在のラテンアルファベット体に慣れた目からすれば、非常に難解なものです。ワイルダーのドライデカールシートにはこのような手書き書体で書かれたさまざまなマーキングが含まれており、モデルによい雰囲気を与えてくれます。筆者は以前ホワイトペンで再現を試みましたが、スケールに合った非常に細いペンを使わなければならず、またペンの塗料が表面を痛める危険もあり、実際は不自然な結果となってしまうのが問題でした。このような作業にはドライデカールシートはうってつけです。

# STURMPANZER IV // 80507

10. 当初の目論見では、車体下部はダークイエローで塗る予定だった。しかしこの色によって生じる対比の効果が大き過ぎて作品のバランスを崩してしまうと思い、後で塗り直すことにした

11. 見た目を派手にするため、車体の一部はすでに下塗りされた状態にした。塗料はAK707メディウムラストとAK708ダーククラストの混色を使用。機関室上面は、エアブラシで塗装中に別の色を少量混ぜることで、パネル毎にトーンを変化させている

12. 突撃戦車の構成部品は他の工場から納入されたものも多い。これらの部品は、しばしば塗装済みのドゥンケルゲルプ色の状態で納入された。見た目にも面白いこの状態を再現するため、前照灯などの細部パーツをいくつか選んで筆で塗り分けた。フェンダーはサビ色の基本色としてふさわしいAK789バーントアンバーで塗った

13. ここまでの仕上がり具合にはまだ満足できていないので、必要な場所にヘアスプレー・テクニックを繰り返した。同時にフェンダーにさまざまなサビ色のトーンを適用している。砲身はドイツで使われた典型的な耐熱グレープライマー色。溶接線に沿った煤の跡をエアブラシで細吹きした

14. 溶接の継ぎ目には、GSIクレオスのMr.メタルカラーMC211クロームシルバーを筆塗り。前の段階で塗った煤の跡と合わせ、ごく最近カットされた装甲板の状態を表現する

15. 足周りのパーツは個別に塗装。いくつかの転輪はダークイエローで塗っているが、後で考えが変わって塗り直した。摩擦によって露出した金属面の表現は、AK086ダークスチール（暗い金属色ピグメント）を指で擦り付けることによって簡単に再現できる

16. 前述の通り、車体下部をレッドプライマーに塗り直した。微妙なコントラストを付けるため、ボルトなどの細部は明るい色で塗っている

17. ワイルダーのドライデカールシートから若干の工場マーキングを転写した後、埃のウェザリングを適用。AK015ダストエフェクトなどのウォッシュ塗料に少量のピグメントを混ぜたものを使用した

18. 機関室上面にも同様の処理を施す。レッドプライマーの塗装を若干粗めに行なっていたので、埃の適用は非常にやりやすかった

19. ホワイトメタル製の履帯は、AKインタラクティブのAK185トラック(履帯)プライマーで下塗りした後、AK719サテンブラックを軽く上がけ。AK015ダストエフェクトのウォッシングで仕上げた。履帯の摩擦部分をていねいに磨くとホワイトメタルの表面が露出し、非常にリアルな効果が得られる

20. 足周りのパーツを車体に取り付け。車体各部にワイルダーのドライデカールシートからさまざまな工場マーキングを貼り付けた。前面の傾斜装甲板に描かれた単語「fertig」は「完了」の意味。この突撃戦車はまもなく製造ラインを出るのだろう

21. さまざまな油彩塗料を使ってサビ色を補正し、コントラストを強めた。油彩は工場マーキングを馴染ませるのにも使用している

22. 最後に、いろいろなオイルとグリースによる汚れを施し、モデルを仕上げる。これらの効果は作品の仕上がりを大きく左右するので、くれぐれもやり過ぎないことが重要だ

4×2 / 9

# STURMPANZER IV # 80507

## 完成

　この作品は、2人の革新的なモデラーによる作品なくしては生み出せませんでした。ヘアスプレー・テクニックをもたらしたフィル・スタチンスカ氏、リアルなソフト・スチール効果を作り出すテクニックを生み出したアダム・ワイルダー氏。この2人の努力と、知識の共有に対し敬意を表したいと思います。

　もうひとつ特記しておきたいことは、塗装作業の重要性です。モデルの工作にどれほどの努力を注ぎ込んだとしても、続く塗装作業こそがまさに「成否の鍵を握っている」といえます。換言すれば、たとえ素組みのモデルであっても、興味深く素晴らしい作品を仕上げることができるでしょう。

# STURMPANZER IV # 80507

4 X 2 / 15

# STURMPANZER IV # 80507

## 製作

破壊された車両を再現する場合は、事前に計画を充分に練って、アフターマーケット製品や資料を充分に用意しておくことが重要となります。またこのチャレンジにおいては、組立説明書通りに単純に組み立て作業を進めることはできなくなるので、目的に合った組み立て手順を考えるためにかなりの時間が費やされます。ほとんどの場合は、各部分毎に組み立て、インテリアを完全に塗装してから、すべての組み立てを行なう方法が最善といえます。今回の場合、シャシー、戦闘室、戦闘室内部を構成するパーツが、接着固定する前に塗装を済ませておく部分です。

すでに指摘したように、この作品にインテリアのディテールは欠かせないものです。今回はCMKのレジン製インテリアセット2種「IV号戦車H/J型ドライバーズセット」（品番3012）および「IV号戦車H/J型エンジンセット」（品番3017）を使用しました。これらは元々IV号戦車用のものですが、出来は非常に良好で、必要なディテールはすべて揃っています。タミヤのIV号戦車キットに合わせて作られたパーツなので、トライスターの車体に合わせるには多少の調整が必要でしたが、比較的簡単な作業で問題なくピッタリ合わせることができました。戦闘室内部は、トライスターのキットに含まれる砲架と砲尾に、ライオンロアの金属砲身「ドイツ軍150mm StuH43 L/12 砲身セット（前期用）」を組み合わせました。その他グリフォンモデル「Sd.Kfz.166 "ブルムベア" 初期／中期型用戦闘室インテリア エッチングセット」（品番 L35022）も併用。このグリフォンモデルのセットは15cm砲弾の弾庫、FuG 2＋FuG 5無線機、ガスマスクの留め具などのいろいろな細部パーツに加えて、戦闘室内の床板も提供されています。これらの金属パーツの多くはハンダ付けで組み立てます。強く固着できるハンダ付けによって、組み立て済みのパーツを損なわずに、曲げたり凹ませたりのダメージ表現を行なうことができます。ただしこの作業は、筆者のようにハンダ付けの作業に不慣れな場合は、特に時間をかけて行ないましょう。

1. CMKのレジン製変速機は組み込み後もハッチの開口部から見ることができる。鋼板部分はすべてMr.サーフェイサーで処理を加えて荒い質感を与えた。取っ手は銅線で自作したものに置き換えている

2. インテリアを見れば、エッチングパーツを使った部分のディテール量がよくわかる。これらはすべてグリフォンモデルのパーツで、同様にフェンダーもエッチングパーツに置き換えている

3. 転輪などのグレーのプラスチック部分はドラゴンのパーツを流用。単純にトライスターのパーツよりもディテールが良好なためだ。トライスターのキット製作としては費用がかかり過ぎるかもしれないが、忍耐は少なくて済む

4. 盛り上がった溶接跡は薄く伸ばしたミリプット（エポキシパテ）を溶接部に付け、細いドリルの後部を押し付けて質感を付けた

5. 車体下部も同様にMr.サーフェイサーで処理。ここにはスタティックグラスやソーダ粉を混ぜ、泥が溜まった様子を再現している。いくぶん古くさいテクニックではあるが、今でも非常に効果的なやり方だ

6. シュルツェンの支持架とホルダーはアベールのエッチングパーツを使用。モデルの取り回しに注意しなければならなくなるので、破損を避けるためできるだけ最後の段階で取り付けるとよい

7. 突出した排気マフラーもドラゴンのキットからの流用。凹みは丸ヤスリで削って表現。この方法は素早く簡単にリアルな表現が可能だ

8. フェンダー後部のマッドフラップに激しい泥汚れが付着していることに注意

9. 駆動系のすべてのパーツはまだ接着せず、ブルタック（粘着ゴム）で仮止めしているだけ

　破壊されひどく損傷した車両の製作を行なう場合は、戦時の実車写真をできるだけ綿密に観察することを強くおすすめします。今回の場合でいえば、テーマに沿った大きなダメージを受けたIV号突撃戦車の写真を探し、同様のダメージをプラパーツからパーツを切り取ったり、ボルトが外れた穴を開けたり、パーツを曲げたりしてモデルに再現しています。インテリアは、砲弾の直撃による衝撃で発生した混沌とした様相を再現しました。ご想像の通り、そのような直撃弾は非常に破壊的です。車体内部に残る砲弾と薬莢はボイジャー「WWII ドイツ 150mm StuH43 榴弾砲用 弾薬セット」（品番VBS0305）を使用。金属線、アルミホイル、プラ板などを使用し、戦闘室に乱雑な外見を与えるような追加工作を行ないました。

　外側の作業に移る前に、インテリアの塗装とウェザリングを完全に済ませておく必要があります。インテリアの塗装については、次のページで写真を用いてステップ・バイ・ステップで説明します。焼け落ちて損傷した塗装効果については、現在広く知られている「ヘアスプレー技法」を徹底的に使用します。インテリア塗装が終わったら、車体の外側の作業に入ります。

　戦闘室の装甲板は接着固定し、盛り上がった溶接跡はミリプットでディテール再現。装甲板には前もってMr.サーフェイサーと硬めの筆で処理を行ない、よりリアルな鋼鉄の質感を作り出します。

　フェンダーはすでにグリフォンモデルのエッチングパーツ（品番L35021）に換装済み。車外装備品、転輪などの細々としたパーツは、ディテールが良好なサイバーホビー「WWII ドイツ軍IV号突撃戦車"ブルムベア"初期型w/ツインメリットコーティング」（品番CH6596）から流用。また駆動系のパーツもこのキットから流用しています。

　履帯はフリウルモデル（品番ATL-03）の金属製を使用し、シュルツェン支持架もアベールのエッチングパーツ「独IV号戦車G型&ブルムベア前期型サイドスカート」（品番35A018）を使用。総合すると、アフターマーケットパーツに結構な額を投資しましたが、お金と労力の両面で価値のある緻密な仕上がりを手に入れることができました。

# STURMPANZER IV # 80507

## 塗装

### インテリアの塗装

前述の通り、インテリアの塗装は、損傷がない普通のモデル製作の場合と比べて非常に早い段階で行ないます。ここでは基本塗装はもちろん、ウェザリングも重点的に適用する必要があります。短時間の激しい火災によりかなりの部分の塗装が焼け落ち、その時に発生した高熱もさまざまな焼けた錆の効果を生み出します。ヘアスプレー・テクニックは、そのような効果を再現する完璧な手法といえます。筆者が塗装した途中写真を見れば、剥がし液に伝統的なヘアスプレーを使っていることに気付かれると思います。これは2009年の時点では、AK088 剥がれ表現液のようなチッピング専用液剤が発売されていなかったためです。現在では剥がれ方が異なるAK088 剥がれ表現液およびAK089 剥がれ表現液・強が発売されており、剥がれの効果が予測できる上、より簡単に望ましい結果が得られるようになりました。ただし、あらかじめ古いキットなどを使ってテストをしておくことを強くおすすめします。なぜなら、使用する塗料の種類やシンナーによって結果が左右されるからです。製品の使用法に慣れておくことで、思わぬ結果になってしまうことを避けられます。

このモデルの塗装に用いたもうひとつの重要なテクニックは、アダム・ワイルダー氏によって編み出された「スペックリング（斑点付け）テクニック」です。硬く短い穂先を弾いて塗料を飛ばすことで、モデルに塗料の小さな点を大量に付けることができます。実際にはそれほど難しいことではありません。注意すべき点は、筆に塗料を含ませ過ぎないことで、これを防ぐため、筆を弾く前に含ませ過ぎた塗料を取り除いておきましょう。このテクニックにより、車体下部の汚れだけではなく、大部分の追加の錆効果を作り出しました。塗料はさまざまなサビ色に加え、AKインタラクティブのアース色系ウォッシング塗料も使用しています。大まかな塗装過程については以下のページでご紹介します。

1. インテリアを塗装する前に、すべてのパーツを下塗りしておく必要がある。今回はGSIクレオスのMr.サーフェイサー1000を使用。Mr.うすめ液で希釈し、エアブラシで塗布する

2. 大部分のエリアはドイツ軍車両で一般的な色である「エルフェンバイン（象牙色）」で塗装。タミヤアクリルのXF-2フラットホワイトにXF-60ダークイエローを数滴混ぜたものを使用。焼けた部分にはサビ色の基本色とした

3. 続いて、ライフカラーのサビ色系カラーを追加。これらの塗料は前述の「スペックリング・テクニック」を使って塗布した

4. 次に、ヘアスプレーの層をかける。このモデルを作り始めた2009年の時点では、まだこのテクニックの専用製品は発売されていなかった

5. サビ色のエリアに象牙色をエアブラシで上がけする

6. 水を含ませた筆を使い、塗料を大きく剥がしていく。ご覧のような効果が得られた

7. 以上の過程を再び繰り返す。ヘアスプレー層を重ねるほど、結果はより顕著なものとなっていく

8. 内部パーツのいくつかは、水道水で薄めた木工ボンドで固定するとよい。乾燥に数時間かかるが、水分が乾燥してしまえば、パーツは該当の箇所にしっかりと固定される

9. 錆の追加の色合いはエナメル塗料で施した。専用溶剤でやや希釈しながら、筆で不規則に適用する。その他の内部パーツはそれぞれアクリル塗料で塗装しておいた

10. 再びヘアスプレーの層を上がけする。これは退屈な作業だが、作業場がよい香りになるという長所もある

11. 象牙色を塗布した後、再び部分的に剥離させる

12. 錆びた効果を強調するため、タミヤアクリルのX-26クリヤーオレンジをランダムに塗布。同じく煤の効果はXF-1フラットブラックを希釈したものを吹き付けた

13. スミ入れはディテールを強調するだけでなく、煤けた効果にも寄与する

14. 最後に、サビ色のウォッシングを行ない、これまでのすべての効果の統一を取る。非常にリアルな焼け落ち状態を再現できた

15. 焼け残りの灰を追加。白と黒を混ぜたピグメントを使用したが、灰皿にある煙草の灰を拝借してもよいだろう

16. 大きなサイズの写真で見ると、複数の塗装層による作業の効果がよくわかる

17. 内部ディテールを追加すればインテリアは終了。組み立ても完了となる

⑥

⑦

⑧

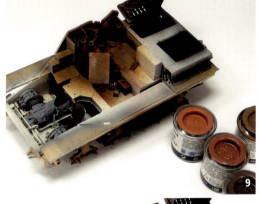
⑨

⑩

⑪

⑫

# STURMPANZER IV # 80507

## 車体の塗装

1. 外装パーツをすべて取り付けたら、再び下塗りを適用する。可動するハッチは閉状態にして、開口部にスポンジを詰めてマスキングし、すでに塗装が終わったインテリアを保護する

2. インテリアの時と同じ方法を用いて、車体にさまざまな錆ベースカラーと錆の色合いを適用する

3. AK089剥がれ表現液・強の後、ダークイエローの基本色を塗布。どちらもエアブラシを使って吹き付けた

4. ダークイエローの塗料層を筆と水を使って剥がしていく

5. 再びAK089剥がれ表現液・強の層をかけてから、エアブラシの細吹きでダークグリーンの迷彩を施す。湿らせた筆で一部のダークグリーンを剥がすと、意図した通りの効果が現れる

6. デカールの貼り付け。デカールはトライスターのキット付属のものだが、問題なく貼り付けできた。いつもの通り、貼り付けにはマイクロスケールのマイクロセット（デカール定着剤）とマイクロソル（デカール軟化剤）を併用している

7. ダークイエローをややトーンダウンさせるため、軽く一般的なウォッシングを行なう。この作業により、溶接跡やボルトなどの細部も強調される

# STURMPANZER IV # 80507

22 / 4 X 2

8. 錆びた部分を強調するため、錆が流れたさまざまな筋汚れを薄く適用した

9. ラジエター冷却ファンカバーやジャッキなどの細部を、いろいろなアクリル塗料で塗り分けた

10. ソーダ粉とスタティックグラスで作った泥汚れは簡単で効果的に適用できる。ピグメントを塗布した後、さまざまなウォッシング塗料を適用している

11. 走行装置のパーツも、同様にピグメントとウォッシングを行ない……

12. ……摩耗した鋼鉄の効果を加えて仕上げた。ピグメントを望ましい部分に指で擦り付ける簡単な作業だ

13. 履帯は古いキットから流用し、時間と費用を節約した。筆でピグメントを付着させ、AK048 AKピグメント定着液で固定した

14. 走行装置と履帯を取り付ける。この後、色調にバラエティを持たせるためにオイルやグリースの汚れを車輪ハブに適用した

15. 筋汚れの効果を施す。やり過ぎないように、2回以上に分けて少しずつ適用したい

16. 機関室上面を中心に、さまざまなオイルとグリースの汚れを追加。通常はビンの塗料をそのまま塗布しているが、一部は専用溶剤でボカしている個所もある

17. 錆びた排気管の良好な表現は、作品の価値を大きく高めてくれる。他の重要な部分と同様に、充分に塗装時間をかけよう。筆を使い、さまざまな錆のトーンとイエロー系カラーをランダムに塗布した

18. 綿棒につけたAK086ダークスチールのピグメントを砲身内部に適用した

19. 最後に、排気管に煤を付けて仕上げる

# STURMPANZER IV # 80507

## ディオラマ

　クルスク方面の塹壕を再現するベースを作ります。ロシア軍はこの方面におけるドイツ軍の攻撃計画を事前に察知していたので、この地域はかなり防御が強化されていました。このためドイツ軍が新たな戦車に期待していた突破戦力は、ほとんどがロシア軍の防御火力の犠牲になりました。今回製作した車両もその中の1台で、天面に砲弾が命中したため塹壕の手前で行動不能となり、戦闘終了後、ロシア兵たちに物色されているところです。

　レイアウトは単純ながら効果的なものでした。発泡スチロールで作った地面はやや傾斜させ、塹壕の溝を切り抜きました。地面を再現する素材は、さまざまな植物をベースとした天然由来のものを使用しています。芝草類を木工ボンドで接着し、その後エアブラシでベース全体を塗装。石はそれぞれを異なる色調で塗り分けたものを用意し、彩りを加えるように設置していきました。車両の細々としたパーツを周囲に散在させ、塹壕にもロシア軍のヘルメットや小火器、弾薬箱などを置きました。有刺鉄線はRMGモデルの製品で、やや高価ですが非常に素晴らしいものです。

## ディオラマの製作

1. ディオラマのレイアウトは基本的なものだが、非常に効果的だ。発泡スチロールを木製ベースに接着し、側面をプラ板で閉じる。塹壕はいろいろな木材のパーツを使用している。最初の地層は、タミヤのテクスチャーペイントを塗布している

2. いろいろな形とサイズの石を集める

3. それらの石をディオラマに配置していく

4. 石はピグメントとスタティック・グラスに混ぜ、不規則に盛り付けた。履帯によって作られた溝、すなわち車両をはめ込む轍を作っていることに注意

5. ベルギーのメーカー、ジョーフィックスからはさまざまな種類の芝草が発売されている。当初これらを配置したところやり過ぎと感じたため、後で草を間引いている

6. ベースをエアブラシで塗装。最初はブラウン系の色から始める。植物類はその後グリーン系の塗料を塗布する。暗い色調から初めて、徐々に明るい色調を塗っていく

7. 塹壕の木板と杭も同様に塗装する。本物の木材を使っているので、ここの塗装は比較的簡単な作業だった。退屈な外観となることを避けるため、小石類を塗り分けている

8. 最後に、ブラウン系の塗料でウォッシング。ここで再び芝草を間引いて再構成を行なっていることに注意。散らばったロシア軍の装備は、車両の接近により塹壕があわてて放棄されたことを示唆している

## フィギュア

スターリングラードのフィギュアセット「赤軍対戦車チーム 1943-45」（品番 S-3508）は、まさにこのディオラマに完璧なセットでしょう。彫刻が非常によく、筆者のようにフィギュア塗装に慣れていないモデラーでも塗装が容易です。フィギュアの大部分は AK インタラクティブとファレホのアクリル塗料を使用し、典型的な「影付け」法で塗っています。

フィギュアはロシアのメーカー、スターリングラードのものを使用

すべてアクリル塗料を使用して塗装した

# STURMPANZER IV # 80507

## 完成

振り返ってみると、本書へのコラボレーションを持ちかけていただいたルベーン・ゴンサレス氏に感謝しなければなりません。この呼びかけがなければ、あと5年はこのキットを無視し続けていたと思います。すでにかなりの努力をこのキットに注ぎ込んでいたことを考えると、製作を再開していなかったことは恥ずかしいことでもありました。いつもとは異なり、ある状況を再現する小さなディオラマを製作しましたが、これも最終的な仕上げに貢献したと思います。

破壊された車両の製作は非常に難しく、時には非常に高くつく作業でしたが、数ヶ月の間夢中で作業し、非常にユニークといえる何かを手にできました。現在は大量のアフターマーケット製品にあふれており、究極の目覚ましい結果が保証されているように思えます。しかし、最終的な仕上がりのほとんどは塗装作業が左右します。今回の作品でも、ヘアスプレー・テクニックとスペックリング・テクニックの塗装法コンビは、非常に満足の行く結果をもたらしてくれました。

STURMPANZER IV // 80507

STURMPANZER IV # 80507

# M4A3E2 SHERMAN JUMBO

*Domingo Hernández*
ドミンゴ・エルナンデス

# M4A3E2シャーマン ジャンボ
1/35

### コブラ・キング

## THEN

——「バルジの戦い」が行なわれていたベルギーで、アセノワからバストーニュに向かう道の途中、「コブラ・キング」と名付けられたM4A3E2ジャンボ・シャーマンの戦車長ボッジス中尉は、バストーニュに包囲された兵士たちを救援する部隊を統率していた。コブラ・キングが縦隊の前を行き、道沿いのドイツ軍掩体壕を攻撃していた時、ボッジスはとある掩体壕近くの森で数人の兵士を見い出した。彼らはアメリカ陸軍の軍服を着ていたが、アメリカ兵に変装するドイツ兵の存在が知られていたので、ボッジスは慎重に注視し続けた。「こっちに来い、出てこい。第4機甲師団だ」と彼らに叫んだが返事はない。再び呼びかけると、1人の男が戦車に近づいてきた。「第101空挺師団第326工兵大隊のウェブスター中尉です。お会いできて光栄です」。

1944年12月26日午後4時50分のこの時が、パットンの第3軍、第4装甲師団第37戦車大隊C中隊がドイツのバストーニュ包囲線を破ったその瞬間だった——

大戦末期のアメリカ軍のもっとも偉大な伝説のひとつは、こうして神話的な戦車物語となりました。文献こそ大量にあるものの、側面と前面の2枚の写真しか残されていない戦車をモデル化するアイディアは、筆者の興味を惹くに足るチャレンジでした。モデラーにとって見えるところ、見えないところに対する数多くの表現に取り組めることはもちろん、何といっても有名な戦車の製作は常に引きつけられる挑戦のひとつなのです。

### レストアを待つ

## NOW

現在博物館に展示されている戦車を作ろうと思い立ち、他のモデラーが再現した同様の環境に置かれた状態のモデルをいくつか参考にしました。今回は博物館でレストアを待っているM4A3E2シャーマン・ジャンボを想定しました。筆者の目標としては、作業場に保管され再塗装された後の、典型的なウェザリングを経た戦車とするつもりです。

# M4A3E2 SHERMAN JUMBO

## 製作

まず初めに、現在発売されているM4A3E2のキットは、アフターマーケットパーツもすべて合わせると、この戦車のモデリングが非常に複雑になる可能性を秘めています。このプロジェクトでは、アスカモデル（旧タスカモデリズモ）のキットを選択しました。このキットなら、ほとんどのアフターマーケットパーツは不要となります。パーツ数の多さにもかかわらず、プラパーツの出来や組み立ての容易さは、このキットの高い品質を示しています。

1-3. ボギーはおそらくもっとも複雑な部分で、ちょっとした作業が必要になる。転輪を耐水ペーパーで磨き、下部のプラ製ナットはライオンマークの金属パーツに置き換えた

4. まだハッチを開けるか閉じるかを決めていなかったが、とりあえず車体内部はタミヤアクリルのXF-2フラットホワイトで塗装しておいた。後で内部に塗料は入らないように、ハッチ類は塗装前に取り付けておく

5. 表面の荒い質感を再現するため、硬く穂先の短い筆を使って少しずつ点刻を行なう

6. 砲塔にも質感を付ける。組み立ての接着部分をカバーするため、必要な部分にタミヤセメント（流し込みタイプ）を塗り付けた

7-11. ジャンボ用の履帯は、約1週間の製作期間で整形、サンディング、連結を行なった。ダックビルが付属するAFVクラブの連結式可動履帯「M4/M3 VVSS系T48キャタピラ（可動）」を選択。ランナーからパーツをカットし、不必要なパーティングラインを削り落とす

12. すべてのパーツを組み上げて履帯が完成。塗装までこのまま保管しておく

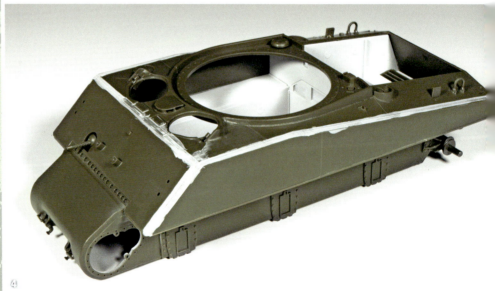

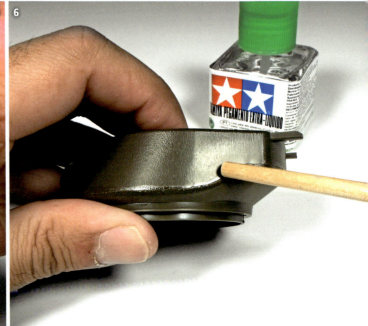

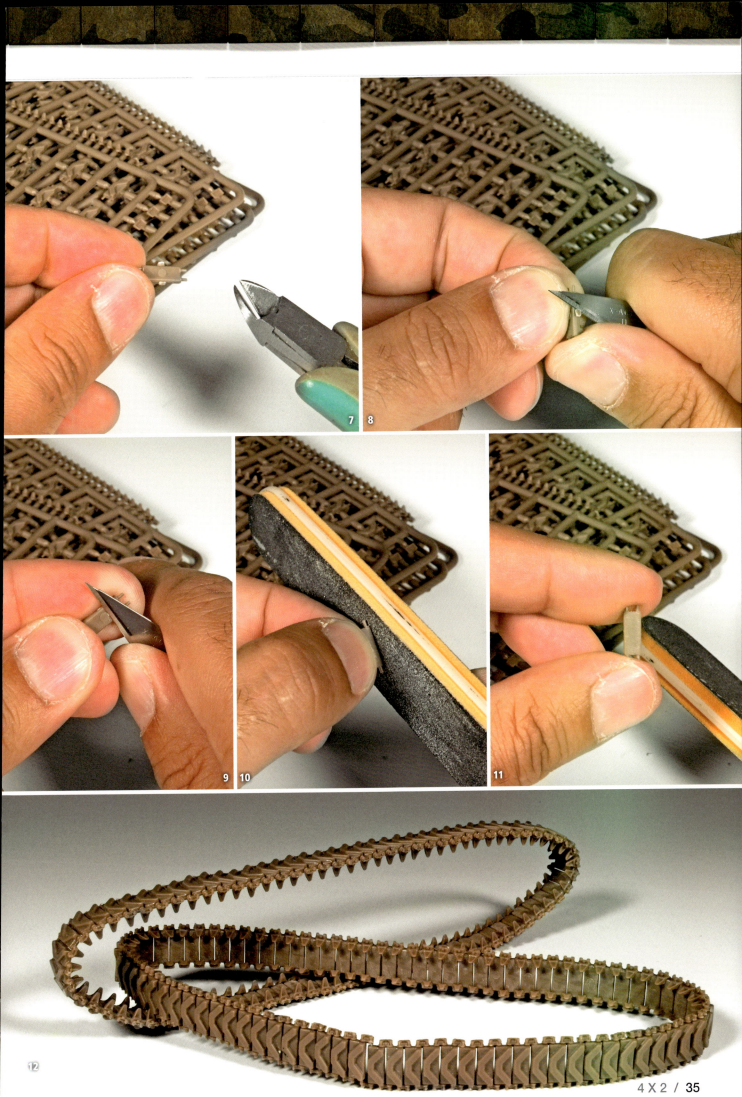

# M4A3E2 SHERMAN JUMBO

13-21. 機関銃、ライトガードなど、プラスチックの厚みのためにスケール感を損なっているいくつかのキットパーツをエッチングパーツに置き換えた。塗装前の状態を見れば、これらの変更が明確にわかるだろう

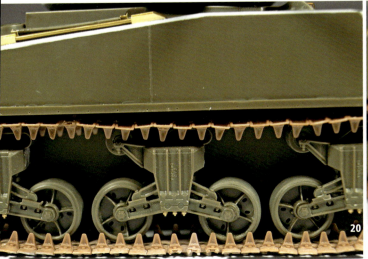

# M4A3E2 SHERMAN JUMBO

## 塗装

1. 塗装はいつも楽しい作業だ。いつものように、グレーサーフェイサーでモデルを下塗りすることから始める

2. モデルに製作上の問題点がないことを確認したら、グレー色の上からAK712アクリルシンナーで希釈したAK182オリーブドラブプライマーをエアブラシで塗布。これは筆者のいつもの方法ではないが、この製品を試用しグリーンを基本色とすることにした

3-7. 写真の通り、モデルに明暗を付けていく。ファレホのアクリル塗料セット「USオリーブドラブ(6色)」(品番78402)を使用した

8. 最後に、エッジ部分にタミヤアクリルのXF-76灰緑色（日本海軍）でハイライトを加えた

9. この段階でタミヤアクリルのX-22クリヤーをかけ、ここまでの塗装を保護し、以後の作業をやりやすくする。埃が付かないように注意し、乾燥に2日間をかけた

10-11. 筆者がこのモデルの製作で再現したかったものは、「キング・コブラ」の側面に「バストーニュ一番乗り」の文字が書かれる直前の状態だ

12. 戦史上の特定車両を作る場合は、適切な参考資料を得ることが非常に重要。この戦車の写真は前部と左側面だけなので、その反対面は自由に解釈できるものとなっている

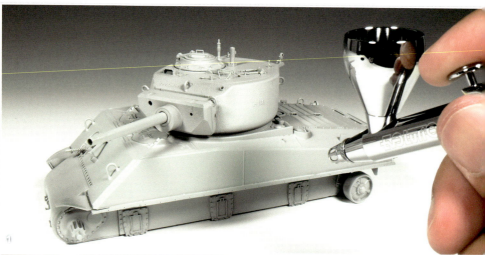

# M4A3E2 SHERMAN JUMBO

13-14. デカールはこの戦車専用に作られたアーチャーのドライデカール「アメリカ軍 M4A3E2シャーマン"ジャンボ"戦車 コブラキング (COBRA KING) マーキング」(品番AR35357) を使用。ご覧のように価値の高い品質の製品だ

15. ドライデカールを貼り付けたら、以後の作業に備えて半ツヤクリアーをかけ、デカールを保護する

16. 資料写真を見て、車体側面に散りばめられた文言などの細部をチェックする。これらを白の色鉛筆で書き込み、クリアーをかけて保護した

17-21. ここから油彩を使い始める。筆者はとくに油彩塗装のプロと言うわけではなく、むしろ勉強中といったところだが、いろいろな油彩の色と忍耐力があれば、優れた結果が得られる。作業は簡単で、モデルの表面に溶剤ベースの油彩をターペンタインで伸ばし、論理的に適用していくだけ。さまざまな色彩を加えて、特定の箇所を照らし出すようにする。作業過程は写真を参照

22. ウェザリングの前に、装備品を搭載することを思いついたので戦車にセット。車体前部は写真通りで簡単だったが、後部は多少の解釈が可能だったので、アフターマーケットパーツを使用し標準的な荷物類を搭載した

23. ウェザリング作業を始める。AK089剥がれ表現液・強を2層適用し、約10分間乾燥させた

24. 次に、AK723ダストを非常に薄く希釈したものを1層適用

25-26. 水を含ませた筆で微妙に剥がす。あまり派手ではないが、よく溶け込んだ埃の状態になってくれる

40 / 4X2

# M4A3E2 SHERMAN JUMBO

27-28. 埃の効果を強調するため、AK722ダークトラックをスポンジで適用。同じく明るい埃色のAK723ダストもスポンジで適用した

29. 細かい引っかき傷を再現するため、希釈したAK722ダークトラックを含ませた筆をツマヨウジで弾いて適用

30-32. 車載工具類を塗り分ける前に、いくつかの金属部分を仕上げておく。戦車の取っ手は鉛筆とスポンジを使用し、磨かれた金属の効果を馴染ませる

33. もう一ヵ所追加した金属のディテール。ハッチ周辺部の擦れやすい部分にアルミ色を載せ、金属面が露出した効果を演出

34-35. 車載工具類は、それらの機能性だけでなく見た目という点でもアメリカ軍戦車らしさを表現する重要な部分だ。AK563「木製パーツ塗装色セット2」からAK786ライトグレイブラウンをベースカラーとして選択。明るい色をベースに、暗い色を上塗りしてAK720ラバータイヤ、AK719サテンブラックで仕上げる

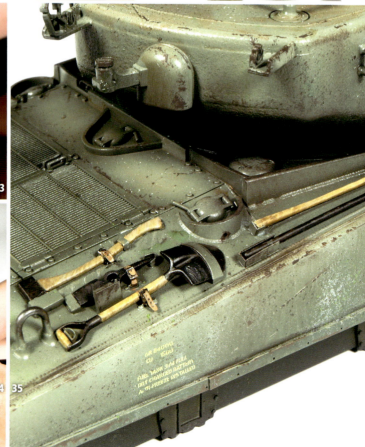

36-37. この2枚の写真から、これまで述べてきたほとんどの作業過程の結果がわかるだろう。戦車の下部と上部のコントラストに注意。今後のステップでさらに明確にしていく

38-40. ボギーの上部はほとんど履帯で隠れてしまうので、下部に意識を集中させる。まず転輪のゴムリムを塗装。AK557「トラック・ホイール塗装色セット」のAK720ラバータイヤおよびAK719サテンブラックを混色した色を使用した。リターンローラーは汚しをかけてしまうと目立たなくなるので、とくに塗り分けなくてもよいだろう。全工程は各写真を参照のこと

41. 誘導輪にはハンブロールのメタルコートを塗布。塗装後に磨くと、簡単に金属の光沢効果が出せる

# M4A3E2 SHERMAN JUMBO

42-45. ここからウォッシングを行なう。AK024ダークストリーキンググライムをAK047専用溶剤で希釈し、グリーンの基本色の上にブラウン系の色でウォッシング。奥まった部分に流し込みパーツを浮き出させ、約10分後、きれいな専用溶剤で不要部分を拭き取る

46. 平坦な部分のエナメル塗料を除去するには、ガイアノーツ「フィニッシュマスター」が非常に便利だ

47-49. 塗料が完全乾燥するのを待つ間、シャーマンの後部に装備する荷物をうまく搭載できるようなベースを作る。この作業には「マジックスカルプ」という主剤と硬化剤に分かれたエポキシパテを使用。ガラス板の上に細かいパウダーを敷き、この上で戦車に荷物を載せるための薄いシートを形成する。荷物にキャンバスシートを追加した後、マッサージ用水性ジェルを使い、指紋を取り除いてスムーズに仕上げた

50-53. パテが完全硬化を待つ間に、その他のアクセサリーを塗装。車体前部の木製パーツはAK563「木製パーツ塗装色セット2」のAK788ミディアムブラウン、AK784ライトグレイ、AK789バーントアンバー、AK786ライトグレイブラウンで塗装。スポンジを使って古びた様子とした

54-55. 履帯はこのモデルでも破損しやすいパーツなので注意。AK557「トラック・ホイール塗装色セット」のAK719サテンブラック、AK720ラバータイヤ、AK722ダークトラックの混色で塗装した。まずエアブラシで塗布し、錆系の色で部分的にウォッシングを施す。塗装が完了したら車体に取り付ける

# M4A3E2 SHERMAN JUMBO

56-61. この車両の再現で直面した最大の難局のひとつに、車体の前面とその他各部に見られる埃、泥、雪などのさまざまなものの混合物の再現がある。最初の作業は、AK015ダストエフェクトとAK022アフリカダストエフェクトの混合を希釈せず適用。その後この色を筆とスポンジを使って拭き取り、効果を和らげていく

62. 面相筆を使ってAK079ウェットエフェクトフルードを塗布し、水溜まりの効果を適用。水が溜まる箇所は限られているので、車体全体に適用する必要はない

63-64. さらにAK045グリーン塗装用ダークブラウンを数滴混ぜたものを適用し、タミヤの綿棒で馴染ませるように拭き取る

65. モデルが思い通りの状態に近づいたと思えるところまで来たら作業は完了だ

66-69. シャーマンの荷物を塗装。まずエアブラシで基本塗装を行ない、以後の塗装工程のために完璧に仕上げておく。塗料はタミヤXF-78木甲板色、XF-73濃緑色（陸上自衛隊）、XF-57バフ、XF-2フラットホワイト、XF-1フラットブラック、XF-51カーキドラブを使用。ディテールの強調にはAK3008「ユニフォームシャドーフィルター」よりAK3017グリーングレーズ、AK3018ブラウングレーズ、AK3019ダークブラウングレーズを使い、細部の塗り分け、ボリュームとコントラスト付けにはファレホの70314粗布色、70315明るい泥色、70888オリーブグレー、70988カーキ、70908カーマインレッド、70953フラットイエローを使用。塗膜を薄くするため、ファレホは常に希釈して塗っている

### 車体下部

70-75. 車体下部は、以降の作業の基礎的な処理として希釈したXF-68 NATOブラウンを塗布するところから始める。続いて天然の土とAK081ダークアースのピグメントを混ぜたものを用意し、車体下部の泥が溜まりそうな箇所に塗布、タミヤアクリルのX-20クリヤーをかけて固定した。湿っている、あるいは影になる部分には、タミヤアクリルのX-19スモークを部分的に吹き付け、湿気を含んだ外観に仕上げた

4 X 2 / 47

# M4A3E2 SHERMAN JUMBO

76. 走行装置を取り付けたら、筆とエアブラシを使って、AK016フレッシュマッドとAK023ダークマッドを混ぜてランダムに塗布。車体下部の単調さを改善することができる

77-79. 同じウェザリング色のミックスを使い、車体の前部、後部、水平面に塗布。泥が溜まりそうな場所を注意深く選んで適用しよう。乾燥したら、タミヤアクリルX-20クリヤーを上がけして保護しておく

90-92. 最後に、AK025フューエルステインの跳ねを後面から履帯に適用。同様の処理を車体下部にも施した

## 雪の表現

93. 雪を使う作品を作るたびに、読者の方々からどのような製品を使ったらいいのかとの質問を受けるが、いつも同じシニフェーの「アーティフィシャル・スノー」を使用している。これはアクリルの接着剤とレジン粉のセットで、水を混ぜて使用する。レジン粉の分量を多くすれば、ボリュームのある雪を作ることができる。通常は、極細面相筆で該当の箇所に適用した後、水で湿らせた別の筆で修正する。しばらく乾燥させた後、AK079ウェットエフェクトフルードなどの他の製品を適用し、少し日が当たって溶けてきた雪を表現した

## 砲塔

94. 機関銃がどのように銃架に納まるかを確認してから、少量のブルーを混ぜたブラックで塗装。その後よりツヤを出したい部分に黒鉛を付け、磨いて光らせる

95. 投光器に他キットで余ったレンズパーツを取り付け、タミヤアクリルのX-22クリヤーで固定した

96-97. ファレホの70309ペリスコープ（潜望鏡）色でペリスコープを塗り分けた後、AK079ウェットエフェクトフルードを1滴垂らし、ガラスの輝きと湿りを表現

98. 最後に、砲塔天面周辺に空薬莢を散らし、AK079ウェットエフェクトフルードを垂らした。これで空薬莢の固定と同時に、砲塔天面に湿った箇所を加える処理を兼ねることができた

### 最後のタッチ

最後の仕上げとして、資料写真にしたがって牽引ケーブルを取り付け、ダークブラウンで塗装し、黒鉛でツヤ出しを行ないます。また弾薬箱を車体前部にセットし、写真から読み取れる細部、たとえば車体前面、木板の下の左側にある、非常に見えにくいことで悪名高い「クシ」なども取り付けました。

# M4A3E2 SHERMAN JUMBO

## ベースの製作

1-3. シンプルなベースとしたかったので、0.5mm厚の発泡スチロールとエバーグリーンのプラ材から製作。木工ボンドで周囲を固めた後、発泡スチロールに影響を及ぼさないようにピグメント、天然の土や葉などを塗布し、再び木工ボンドで固定した。最後に、4層にわたる雪を塗布していく。前の2層は車両を置かずに適用し、後の2層は車両をセットしてから塗布した。このタイプの雪は乾燥後に収縮するので、戦車を適切にセットするには少し修正が必要になる

## 完成

最初に述べた通り、このような有名な戦車の製作にはリスクが伴いますが、モデラーなら誰もが感じるように、プロジェクトに没頭しそれらのリスクを克服する動機付けとしては充分なものとなるでしょう。数多くのテクニックを駆使してこの戦車を製作するプロジェクトでは、スケールモデルの製作では「気楽さ」が最後のステップであってはならない、と気付かされます。有名な文字が側面に描かれる以前の「キング・コブラ」の数枚の写真は、筆者に芸術的な自由さを与えてくれました。しかしこの車両があくまで象徴として重要性を持っているという見方を変えることはできません。今回の製作で感じた充実感が作品に反映されていれば幸いです。

# M4A3E2 SHERMAN JUMBO

## 製作

この作品でも選択は簡単でした。モデラーにとってアスカモデルのシャーマン・ジャンボは参考書というべきキットです。素晴らしいディテールと省略、そして箱のパーツだけで完璧な仕上がりが期待できます。筆者が意図する特定の戦車を製作する場合でも、車体下部はそのまま、上部への若干の細かいディテール追加で済みました。

1. 転輪を耐水ペーパーで磨く処理は、電動ドリルを使用してスピードアップ

2-3. 履帯が付いていない状態の車体。前方機銃のフタや留め具を再現するために追加している、白いプラ板で自作したいくつかのパーツに注意

4-6. 車体前面および後面にはエッチングパーツでディテールを追加。ガイドとなる写真に従って、取り付け前に曲げ加工をあらかじめ行なっておく

7-12. 砲塔には、キューポラのペリスコープ部分の閉塞、アンテナ基部の保護、その他若干のディテールを追加。無塗装の状態だと、遠目にはあまり魅力的なモデルには見えないかもしれない

13. 履帯はAFVクラブの連結可動履帯「M4/M3系戦車用T51型キャタピラ」(品番AF35026)を使用。平たいゴム履板はこの博物館車両の最大の特徴でもある

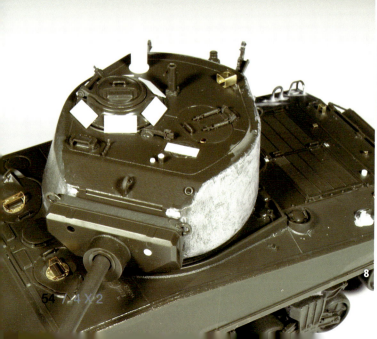

# M4A3E2 SHERMAN JUMBO

## 塗装

1. このモデルは、倉庫で長期間保管され、数回の塗り直しを経て、博物館の外でレストアを待っている状態の戦車を想定している。埃、退色した塗装、錆などのウェザリングの要因を再現するため、まずはしっかりと下塗りを行なっておく。今回はタミヤのファインサーフェイサー（ライトグレイ）を使用した

2. 何回か塗り直しされている様相を与えるため、最初にタミヤアクリルのXF-71コックピット色（日本海軍）を70％のタミヤ ラッカー溶剤で希釈して適用した

3. 1日乾燥させた後、AK089剥がれ表現液・強を何度か厚めに吹き付け。それぞれに10分ほど乾燥時間をかけている

4. 最後にXF-67 NATOグリーンを塗布した

5-6. 摩耗や気象条件によって劣化すると考えられる箇所に対し、グリーンの層を剥がしていく

7. 半ツヤクリアーをかけて、ここまでの塗装の成果を封じ込め、以後の塗装から保護する。埃が付かないように密閉した入れ物に保管し、クリアーの乾燥時間に1〜2日ほどかける。次にドライデカールを貼り付け。貼り付ける場所はフック下部という難しい箇所だったので、アーチャーのドライデカールは最高の選択だった

8. 車体前面は故意に隙間を空けていた。ここを多少の詰め物とともにスコードロンのパテで埋め、前面装甲板を埋めるゴムが外光で退色し劣化した様子を表現。マスキングテープで保護し、均一にならないように注意しながら慎重にパテ埋めを行なった

9. 破損し劣化したゴムの色を再現するには、AK720ラバータイヤが最適だ

# M4A3E2 SHERMAN JUMBO

10. 同じくAK720ラバータイヤを使用し、最初の塗装層として転輪のゴムリムを塗り分ける

11. 履帯と転輪の間で摩擦を受ける部分には、柔らかいグラファイト鉛筆を擦り付け、あまり輝き過ぎない程度に磨いた

12. 最終的にはほとんど見えなくなってしまうが、転輪の内側も同様に処理しておいた

13-17. 金属製の誘導輪にはエイジングを行なう。AK551「錆塗装色セット」から4色を選び、スポンジを使って塗布。塗る順序は再現したい効果によって異なるが、今回は明るい色から暗い色に従って塗っていく

18. 起動輪のスプロケットも同様に処理。最後にすべての走行装置にAK066アフリカ軍団ウォッシュ、AK046グリーン塗装用ライトラストでウォッシングし仕上げる

19. AK015ダストエフェクトおよびAK022アフリカダストエフェクトを、ガイアノーツ「フィニッシュマスター」を使って、車体下部にランダムに適用する

20-22. 前段の2色AK015とAK022に、走行装置で使用した2色AK046とAK066を加えて、埃や錆が蓄積しやすいと思われる箇所に注意し、車体上部にも若干のウォッシングを施す。塗布と乾燥を数回繰り返してエナメル塗料層の透明度の調整や定着を行なっている

23. 次はほとんど透明な状態に希釈したアクリル塗料でウォッシング。いくつかの箇所に数色を適用する

24-25. 車体下部には、ピグメントのAK081ダークアースをAK047専用溶剤で溶いたものを、筆で表面を叩くようにして塗布する

26. 埃っぽい乾いたウェザリングをやり過ぎて、作品の雰囲気を壊してしまっているようなので、ここで解決しておこうと思った。希釈したアクリル塗料を吹く、薄いウォッシングを施す、といった方法にはどれも納得できなかった。解決法を思いつくたびに難点に気がつくことを繰り返すうちに、X-21フラットベースを塗布し、モデルの明度を上げることを思いついた。結果的には、タミヤアクリルのX-21フラットベースをラッカー溶剤で希釈し吹き付ける方法は失敗で、戦車の大部分に白い層ができることとなった

27. 戦車が白いフィルムで覆われたようになってしまったことにショックを受け、まずスポンジ筆で除去を試みた。思いがけないことに、スポンジと指で白いフィルムを取り去ることができることに気付き、当初予定した通りの埃を残しておいた。このように、モデラーの人生には時にはリスクが付き物なので、現在作っているものとは別のモデルで実験を行なっておくべきという教訓が得られた

# M4A3E2 SHERMAN JUMBO

28. 先の工程で見えにくくなったモデルのディテールを強調するため、AK093インテリアウォッシュでスミ入れ。暗いグリーン系のウォッシングカラーによってネジや継ぎ目などの関連するディテールを復活させ、同時にウォッシングとフィルタリングにより前のプロセスでの失敗をリカバリーできた

29-32. これらの連続写真を見れば、筆者が望んでいる結果、すなわち野外に放置された戦車の再現がほとんど完全な状態に近づいていることがわかるだろう

33-34. 最後の効果は、さまざまな色を加えることで得られる。戦車に色を点付けし、もう少し色の多様性を加えてみた。色はAK046グリーン塗装用ライトラスト、AK015ダストエフェクト、AK093インテリアウォッシュを使用し、筆の穂先を木片に擦り跳ね付けた

35. この手法を用いた場合は、下地の塗料に影響を及ぼさないようにするため、色を付けた直後に、ヘアドライヤーを使って乾燥を早めるとよい

36-42. 作業の最終局面を示す一連の写真。乾燥していて、埃っぽく、少しだけ錆びていて、派手過ぎることもないという結果には大満足だ。放置され古びた部分、ほとんど新しいままの部分、汚れた部分など、ディテールの一部は写真で接写した時だけ認識できる

# M4A3E2 SHERMAN JUMBO

## 履帯の塗装

43. もうひとつの重要な問題は、履帯をもっと強調したいということだった。実車両の外観写真を見ると、車体は塗装されているが、ゴム部分は無視されている。金属部分は車体と同色に塗装されているが、摩擦を受ける部分は錆が出ている。これらを再現するため、偶然にまかせたりせず、プラパーツを削り始めた

44. 劣化したゴムパッドを表現するため、多くの履板に切れ目や凹みなどを作る

45. 下地色はAK719サテンブラックとAK720ラバータイヤの混色を使用。2色ともAK557「トラック・ホイール塗装色セット」に含まれている

46. AK089剥がれ表現液・強を2回吹き付けた後、履帯の内側と外側のゴム部分をマスキングテープで保護した

47. 車体に使用したもっとも明るい色であるタミヤアクリルのXF-71コックピット色（日本海軍）を塗布する

48. マスキングテープを剥がした後、通例の通り、水を含ませた筆でグリーンの塗料を剥がしていく

49. 再び内側のゴム部分をマスキングテープで保護する

50-52. ライフカラーのセット「Dust & Rust」から明色と暗色を選択し、履帯内側の連結部分にスポンジで塗布

53. 履帯塗装の最後のステップとして、履帯のゴム部分にドライブラシで色を載せる。まずAK720ラバータイヤを2回塗布

54. 次に細かい埃の表現としてAK723ダストを薄く希釈して塗布し、痛んだゴムパッドを目立たせる

55-56. 履帯塗装の最終結果。内側と外側ともに、車両に取り付ける準備が整った

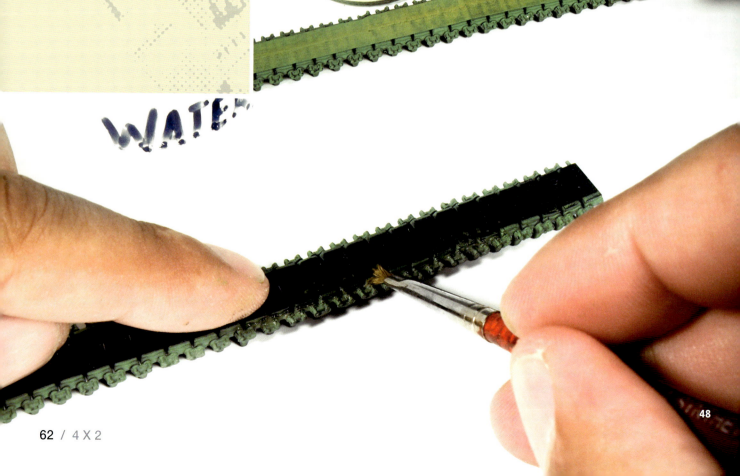

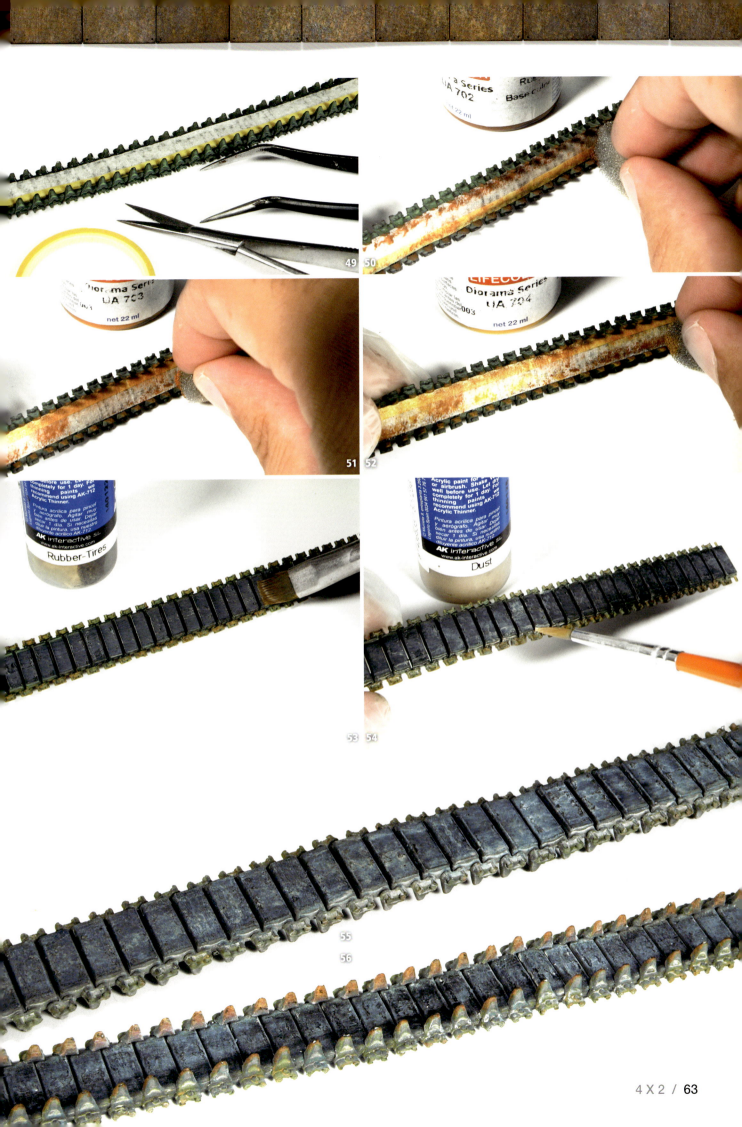

# M4A3E2 SHERMAN JUMBO

## ベースの製作

1. この戦車のベースはコンクリートの土台を模している。比較的単純な形で、作業もすぐに終わらせられる。まず最初にエバーグリーンのプラ材で型枠を作った。下に木板を敷いているのは、塗装時に質感を与えるため

2-3. この型枠に石膏を流し込む。割れを防ぎ、流し込みやすくするために石膏には木工ボンドも混ぜている

4. 固まった石膏を取り出し、エバーグリーンのプラ材で作ったベースに固定。単調なベースカラーとなるように、とくにパターンを決めずにさまざまな色を混ぜたグレーのパウダーを定着させた

5. 塗装が完全に乾いたら、土色、黄褐色、黄土色のピグメントをターペンタインで薄く溶いたものを塗布し、粉っぽい外見を作り出す

6. 筆と土色系の塗料を使い、ベースの上にさまざまな暗い色の斑点をランダムに施す。ただし戦車が上に乗る部分にはそれほど多くなくてよい

7. AK025フューエルステインを使い、コンクリートの上にこぼれたオイル汚れを再現。透明色なのでほどほどの濃さとし、あまり暗い色調とならないようにした

8. 地面を再現するよい製品をずっと探してきたが、今回使用したのは「イージーマッド」という製品で、2色の土色を混ぜて使用。コンクリートブロックの周囲を埋めるのは非常に簡単だった

9. ディオラマを占めるもうひとつのディテールが、コンクリートベースの周囲にある草だ。今回使用した製品はミニネイチャーのもので、使用した草はどれも完璧で、適用も簡単

10. このディオラマで欠くことができない要素として、戦車の周りに張り巡らされた囲いがある。支柱を製作するため、まず適切な長さにシンチュウパイプをカット

11-12. チェーンを付ける留め金として細いシンチュウ線で輪を作り、シンチュウパイプの先端に取り付け

13. 金属チェーンはAK159メタルバーニッシュフルード（黒染め液）で古びた感じに着色

14. チェーンにスポンジでサビ色を付け、チェーンの留め金やシンチュウパイプにも同じ色を擦り付ける

15. シンチュウパイプをコンクリートブロックの周囲に立て、チェーンを通す。これで博物館の展示用ベースとして完璧だ

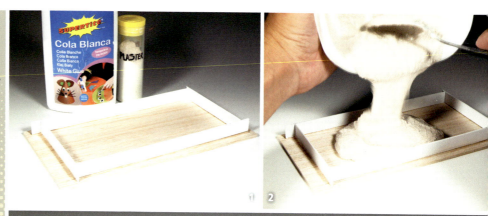
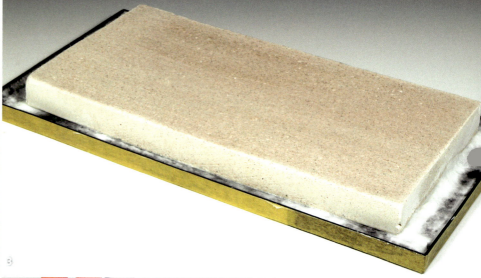

# M4A3E2 SHERMAN JUMBO

## 完成

これまで博物館の戦車を製作しようと思ったことはありませんでしたが、いくつかの失敗、トライ&エラーにもかかわらず、仕上がりは私が期待したよりもずっとよくなっていました。この戦車に施した多くの効果のように、明確な装飾がなく、まったく変化のない様子を表現するのは容易ではありません。しかし肉眼では遠くからは見えないような多くのディテールと色彩の積み重ねがあれば、その実現は可能です。

# CROMWELL MK. IV

*Michel Perez*
ミチェル・ペレス

# クロムウェルMk.IV

クルセイダー巡航戦車の旧式化を認識したイギリス陸軍は、その後継車両となるクロムウェルの開発を開始しました。当初はレイランドが主な製造元でしたが、LMS鉄道車両、モーリス自動車、メトロ・キャメルといった他のメーカーも生産に参加しています。

この戦車はロールスロイス社のミーティアV12ガソリン600馬力エンジン、クリスティー式サスペンション機構、394mm幅の履帯による非常に高速かつ良好な走行性能を持っており、最大速度は64km/hに達しました。重量もこのサイズとしては軽量な28tでしたが、装甲が薄いという懸念があったため、後期生産車では大型のボルト止め増加装甲が取り付けられました。

主砲はロイヤル・オードナンスQF 75mm砲を搭載し、ふんだんに供給されていたシャーマン戦車のM3 75mm砲で使われていたものと同じ榴弾が使用可能でした。副武装としてベサ7.92mm機銃2挺を装備していました。

1942年から4000両以上が生産されましたが、実戦参加は1944年のノルマンディ上陸作戦以降となりました。ほとんどのクロムウェルは第7機甲師団、ポーランド第1機甲師団、チェコ第1機甲旅団に配備されました。

西部戦線では、ノルマンディ上陸作戦の初期段階に森林内で戦闘を行なっていた時期には、クロムウェルの高速を生かす機会はありませんでしたが、北ヨーロッパ方面へドイツ軍を追撃する戦いになると、その性能を遺憾なく発揮しました。

## ザ・ターゲット THEN

この作品では稼働状態の車両を再現するため、もうひとつの作品でメインテーマとなる年月を経たウェザリング効果よりも、泥汚れの効果を重点的に行なう必要がありました。

タミヤのキットには「クリン・デバイス」と呼ばれる追加アクセサリーが用意されており、視覚的な美しさとおもしろさを表現できます。このため、上陸後にこの装置が多用されたフランスのボカージュ（林の生垣で囲まれた畑地）で闘うクロムウェルを製作することにしました。このことを考慮すると、退色のようなウェザリング効果は使えず、埃や泥による汚れの効果のみを利用することになります。

ウェザリングのテクニックは、モデラーにとって魅力的なモデルを生み出す重要な武器となります。オリーブドラブのような単調な難しいカラーの場合にとくに有効です。変わった色調のグリーンを使い、あえて「創造的」なウソをつくこともできましたが、本来のダークグリーンを使う挑戦を克服するのは、筆者にとっても読者にとっても、より興味深いことだと思えました。

## ザ・ターゲット NOW

もうひとつの作品では、もはや稼働状態にない車両を再現します。戦闘で破壊された車両とすることもできましたが、それは最後の手段。北フランス、オランダ、ベルギーなどの小さな町でよく見られるような、第二次大戦を記憶する遺物として屋外に展示されている車両としました。

したがって、筆者が製作すべきクロムウェルは、明らかな老朽化の兆候があり、例えば完全に緩んでしまった履帯など、動作できない状態になっています。また塗装は、さまざまな要因により激しく退色しているでしょう。いろいろな錆も発生しています。また車載工具、フェンダー、スカートなどの多くの部品が欠損していることもあります。

# CROMWELL MK.IV

## 組み立て

1. 今回の組み立てに関しては、基本的には箱の中のものをストレートに組み立てただけだが、エッチングパーツでいくつかの細かいディテールを追加した。これらの追加ディテールは、見る者が興味を惹くポイントとなる。たとえばフェンダー後部の左端は、金属素材を生かしてわずかに凹んだ状態としている

2. 右側面・フェンダー後端のサイドスカートは取り付けていないので、実車と同様に取り付け穴を開口しておいた。0.3mm径ドリルで開口するだけで、たちまちリアルさが増すだけでなく、もうひとつの興味を惹くポイントを作ることにもなる

3. フェンダー前部のパーツはエッチングパーツに交換。ここもやや凹みを加えている

4. 前述の作業と同様、作品を見る際に興味を惹くポイントを作るため、車体後部の排気口カバーに大きな凹みを付ける。ナイフと耐水ペーパーを使ってプラパーツの厚みをできるだけ薄くした後で折り曲げ、破れ目を付けた

5.「クリン・デバイス」に時計修理用のヤスリをかけ、トーチ切断でカットされた鉄板の質感を加えた

6. 扉やハッチの取っ手はすべて銅線を使って作り直した

7. 砲塔上の車長用方位盤の残骸は、もう1両のクロムウェル製作時に余ったエッチングパーツを流用し、ダメージを加えた。また丸形アンテナ防護ガードを薄く削り、装甲板の縁はナイフの刃で筋を入れ、トーチ切断跡の質感を表現した。前照灯の支持架は取り付け位置と電源コードの2ヵ所に穴を開けた

8. 砲身はキットのプラパーツを使用。継ぎ目にパテを盛り、乾燥後に手近な方法で磨くだけだが、もうひとつのクロムウェルで使用した金属製砲身にも遜色ない仕上がりとなる。また機銃口も開口している

9. この作品の転輪はそれほどダメージを受けていない状態とした。ゴムリム部分に粗目の紙ヤスリを使って擦り傷を加えたのみだが、この作業でゴムリムを大いに強調できる。これらの擦り傷に溜まる埃はゴムの暗い色とのよいコントラストになる

10. 組み立てが完了した状態

# CROMWELL MK. IV

## 塗装

塗装の最初のステップとして、タミヤ XF-2 フラットホワイトで全体をコートします。筆者の場合、組み立ての間違いや異なる素材の色味を統一するため、常時下塗りを適用しています。この用途には白やグレーのような明るい色をおすすめします。これは暗い色よりも明るい色のほうが、問題点がより見つけやすくなるからです。

下塗りを充分に乾燥させた後（約24時間程度）、車両の基本色となるオリーブドラブをエアブラシで塗布。この色は、AK746 4BO ロシアングリーン、AK749 3B-AU 基本保護色、AK716 RAL6011B レゼーダグリュンの3色を等分に混ぜたものです。エアブラシで吹き付けるので、さらに50％のAK712 アクリルシンナーで希釈しています。

1. エアテックスのエアブラシ「エヴォリューション」0.4mm径を使用し、空気圧は2MPaで塗布。約20cmの距離から止めることなく筋状に素早く吹き付け、乾燥していない部分には重ね塗りしないこと。そうしないと塗装面に塗料が不規則に溜まってしまい、ところどころで厚さが異なる塗膜ができてしまう

2. 雑具箱の上の白星はデカールを参考に切り抜いたマスキングテープで塗装。白星を塗る前にAK088剥がれ表現液を塗布しておき、塗装後に水を含ませた平筆で優しく擦り、リアルなチッピングを行なった

3. ツヤありクリアーを上がけした後、おなじみのマイクロセット（デカール定着剤）およびマイクロソル（デカール軟化剤）を使用してデカールを所定の位置に貼り付けた

4. ゴムリムは基本色となるAK720ラバータイヤを筆塗り。塗料は薄めずにビンからそのまま使用した

クロムウェルに基本色を塗装し終わったら、次のウェザリングの工程に入ります。ここ最近の筆者の通例として、2つの技法を適用することから始めます。その技法はお互いをよく補完し合い、車両のディテール、フォルム、ボリュームを強調するのに非常に役立ちます。どちらかが欠けても効果は不十分になります。

この2つの技法とは、ウォッシングとドライブラシです。ウォッシングで非常に暗い色のエナメル塗料を使用してあらゆるモールドの周囲に影を作り出し、その後ドライブラシを施してエッジを強調します。

5. 暗色のウォッシングは、AK045グリーン塗装用ダークブラウンを1号の面相筆で適用。流し過ぎを避けるため、塗料を含ませる量を調整することが正確に適用するコツとなる。できるだけ修正点を少なくておくこと。AK011専用溶剤を含ませた平筆を使い、修正が必要な箇所を拭き取った。ドライブラシにはAK715 RAL6011レゼーダグリュンを使用した

6. グリーン塗装にいくつかの多様性を作り出すため、フィルタリング技法を適用する。塗料はAK261ウッド用ライトフィルターを使用。車両全体には行なわず、特定の箇所にわずかな効果のみを施している

7. 次のステップでは、軽い強さの擦り傷と引っかき傷を付ける。基本色に対しわずかに明るい色調を使って、極細面相筆でひとつひとつ描き込む。矛盾を生じないようによく考え、論理的な箇所を選択して描き込むこと。とくに大きさに注意し、適切な形状に。また明らかな対称形を避け、ランダムに配置するとよりリアルに見えるようになる。塗料は再びAK715 RAL6011レゼーダグリュンを使用した

8. 次のステップは、深い擦り傷を作り出す作業だ。この傷は金属まで達し、年月を経た錆または溜まった埃、あるいはその両方によって暗い色になっている。前の作業において明るいグリーン色で付けた傷の上に描き込む作業となるが、視覚的により魅力的に、より多くのボリュームを与え素晴らしい多様性を得ることができる。各部のエッジはそれらを実行する理想的な場所として最高のサンプルだ。塗料はAK708ダークラストおよびAK711チッピングカラーを使用する

9. 次に車両の汚れをシミュレート。この作業では、エナメル塗料による染み汚れのテクニックを使用した。ほとんど透明になるまで薄めたブラウン系の色で点を描いたり、液体を流すように適用。このテクニックでは油彩、あるいはこの作業専用の製品を使用できる。今回はAK014ウィンターストレーキンググライムおよびAK067アフリカ軍団ストレーキンググライムを使用した。この作業では、適用する箇所は無作為かつ控えめに、しかし論理的に決定すること。また点の場合は透明度をさまざまに変えて描くこと。しかしもっとも重要なのは、溶剤の水たまりのような外観にならないようにすることだ

# CROMWELL MK. IV

その後ここまでの効果に加えて、さらに埃汚れを加えます。ただしこの工程ではより小さく不透明で、明確な汚れとします。効果を精密に施すため、エナメル塗料や油彩よりも鋭いエッジと隠ぺい力を持っているアクリル塗料を使用します。

塗布する方法ですが、ほとんど汚い水に見えるようになる程度まで薄く希釈したアクリル塗料を使用するテクニックを使います。筆に含ませた後、塗った部分が塗料で湿りすぎないよう、吸湿性のよいティッシュペーパーで拭って塗料を調節します。塗料の量は、適切な箇所にスポットを作るだけのちょっとした分量とし、それらのスポットを重ねることで色彩の濃さや強さを表現します。

10. 今回もまた、効果のやり過ぎや重複を避け、論理的な場所や分布で適用するというアドバイスが有効だ。塗料はすべてファレホで、70872チョコレートブラウン、70315明るい泥色、70304小道下塗り色、70896ジャーマンカムフラージュエクストラダークグリーンを使用

ここまでの作業で、モデルの外観があまりにも茶色っぽくなってしまったことに気付き、緑のトーンを回復させるため、グリーン系フィルターを適用することにしました。フィルタリングに使用する塗料は、他の塗料よりも透明度の高い油彩を使用します。こうすれば、以前に行なった作業の色彩を失うことなく、単純に緑色を強めた外観とすることができます。

11. ここでのテクニックは、ダンボールに油彩（今回はティツィアーノのオリーブグリーン）を少量ずつ取り出すことから始める。ダンボールの紙が油分を吸収したら、ターペンタインを含ませた筆を使って、ダンボールの上で油彩の顔料成分を溶いていく。適切な粘度が得られたら、フィルタリングを行なうモデル面に塗り広げていく。溶剤系の塗料（エナメルやラッカー系）を使用する場合と同様、表現したい効果がしっかりと現われるように、乾燥後にフィルタリング時の筆目が目立たなくなるように作業しよう

見た目のよい作品にする効果的な方法は、対比（コントラスト）を作ることです。今回のように非常に暗い基本色の場合は、はっきりした明るい埃色（もちろんその車両が置かれた環境が許す範囲ですが）でコントラストを付けましょう。今回はフランスの田園における未舗装路という設定なので、クロムウェルに泥や埃を付着させることができます。

12. 埃汚れを作り出すために、エナメル塗料によるウォッシング技法を使い、突起物の周辺や、装甲板の継ぎ目など埃が溜まりそうな箇所に適用する。適用は選択的に行ない、どこも同じような強さで埃付けを行なわないこと。例えばフェンダーの平坦部分は垂直な装甲板よりも埃が溜まりやすいといえる。このウォッシングに使用した色は、AK017アースエフェクト、AK080サマークルスクアース、AK022アフリカダストエフェクトだ

13. 車体下部には特別な処理を施す。最初に、一般的に埃や乾いた泥が溜まった状態を作り出すためのウォッシングを行なう。この時は不透明なアクリル塗料を使用し、AK724ドライライトマッドを30%に薄め、車体の下部、転輪とゴムリムに適用。乾燥後、ドライブラシ技法を用いてAK3006ブラックユニフォームシャドウで塗り直し、転輪のゴムリムに暗い色を復活させる。この2つの技法により、転輪のゴムリムの質感と隙間に入った埃を表現できる

14. 次に、同じアクリル塗料を跳ね付け、車体の側面や後面に跳ねた泥を再現。乾燥しているが水たまりもある道を通過した車両を模倣しようと考え、さまざまな効果を施すことにした。水たまりを横切る時、車両のシャシーの各部はさまざまな湿度の泥で汚れることになる

15. 転輪や履帯に固着した泥の再現には、AK016フレッシュマッドと石膏粉を混ぜたものを使用。転輪と履帯の各部に点付けしていき、乾燥後にAK079ウェットエフェクトフルードをムラに付着させ、固まりひとつひとつの単位で異なる湿度を再現した。湿った泥をより目立たせるため、小さな乾燥した泥の固まりや緩い土でさらにコントラストを付けていく。ピグメントと細かい砂を混ぜたものを履帯と泥除け、車体前部の角に施し、AK048 AKピグメント定着液で固定した

16. 泥を付着させる場所は、論理性と美的感覚を合わせて考慮すること。最終目標は、真実味を損なうことなく、より魅力的な作品とすることだ

# CROMWELL MK. IV

最終段階では、さらに激しく汚れが蓄積した様子を再現します。ここでも論理的な選択として、排気口ダクトの背面、前方の隅とフェンダー、車長キューポラハッチの周囲、砲塔換気口周囲の突起部などに施しました。

17. 埃の蓄積表現にはピグメントを使用。まずさまざまな明るい茶系のピグメントを混ぜ、独自の埃色を作製。水を含ませた筆を使い、このピグメントに水を加えて泥状の液体にする。丸筆1号でモデルの上にピグメントを配置し、エッジ部分をなめらかに馴染ませた。乾燥するまでの間に乾いた平筆を使い、馴染ませたエッジの修正を行なう

18. 当初の予定では放棄されたクロムウェルとし、表面が濡れた状態を再現するつもりだったが、稼働中のクロムウェルに変更したため取り止めた。ただし、こぼれた燃料やオイルによる典型的な染み汚れは再現する。4ヵ所の燃料注入口があるので、大きさや形状、乾燥状態がそれぞれ異なる4種類の染み汚れを適用。このような効果に使用する塗料はティターンのアスファルトを使用している。もっとも乾燥した染み汚れは薄く希釈し、逆にもっとも湿ったものは希釈しないで塗布。非常に単純だ

## 仕上げ

ここまで作業した後、モデルを2日間ほど遠ざけておき、その後再びモデルを見つめ直して細部の調整を行ないました。これは実質的には全体的なモデルの外観を変更するものではありませんが、仕上がりをよくするためには重要な作業です。新たなチッピングを施したり、気に入らない箇所を消去したり、効果を強調したり弱めたりといったものですが、どちらかといえば個人的な直感に頼った作業過程といえるでしょう。要するに、自分が望んだ最終目標に届くかどうかは、自身の判断にかかっているということです。読者の方には、この作品を楽しんでいただければ、また何かの一助になれば幸いです。

◀磨かれたベアメタルの外見は、モデルのいくつかの部分で異なる仕上げが同居しているが、いずれの効果も同一の方法では行なっていない。例えば履帯の外側は、地面に断続的に接地して金属面が露出しているので、ファレホの70863ガンメタルグレーを直接塗っている

## 最終的な写真についてのコメント

これらの完成写真を元に、筆者が探し求め、そして達成した目標について説明します。

◀▲エンジンカバーの取っ手も、兵士たちが常に触れているために金属面が露出している。この様相の再現には、まずAK711チッピングカラーをドライブラシで塗布。次に柔らかい芯の鉛筆でこれらの箇所を擦り、使い古しの柔らかい筆で磨いた

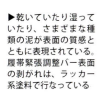

▶乾いていたり湿っていたり、さまざまな種類の泥が表面の質感とともに表現されている。履帯緊張調整バー表面の剥がれは、ラッカー系塗料で行なっている

# CROMWELL MK.IV

◀雑具箱は、フタの縁の塗料が剥がれて金属部分が汚れ、そのままとなっている使い込まれた状態を表現した。いろいろな度合いのチッピングに加え、雑具箱の補強リブに埃を溜め、ヒンジの部分に錆を入れている。砲塔の装甲板が擦れて光っている部分は、砲塔への昇降により乗員の靴で擦れたことによるものである。この効果はAK711チッピングカラーのドライブラシ、鉛筆の擦り付けと磨きで再現した

▲フェンダーの端のわずかな凹みは錆びた外観となっている。さらに補強板には泥や乾いた土が溜まり、踏みつぶされて金属面が暗くなり、エッジのグリーン塗料が失われている。錆はAK708ダークラストを塗った

▲土と乾いた泥は、砂とピグメントに水を混ぜて作製。エッジのチッピングはAK709オールドラストをドライブラシ。銃砲撃によりエンジン排気口のダクト板が曲がって亀裂が入ると、そこから錆が回り始める。この凹んだ部分の緑色の劣化は、AK715 RAL6011レゼーダグリュンを古い筆で叩くように塗布。そして暗色の錆をAK710シャドウラストで、明るい錆をAK707メディウムラストを、それぞれ極細面相筆で描き入れた

◀砲身基部の表面塗装の剥がれは、エンジン排気口ダクトの場合と同様の方法で再現した

▶車長ハッチを上面から見たところ。隅や浮き彫りの底に埋まった埃、あらゆる種類の擦り傷や引っかき傷、さまざまな色調のグリーンなど、周辺に施した塗装のディテールがよくわかる。またウェザリング塗料によりハッチ周辺に施した下地の金属が露出した様子を再現。パーツ自体の質感を活かしてAK710シャドウラストをドライブラシで適用した後、鉛筆でなぞってから指で擦って馴染ませて表現した

▶この他にも砲塔天板にはさまざま効果を与えている。隅に溜まった埃はピグメントを使用。暗色の染み汚れはエナメル塗料を使い、細かいチッピングはアクリル塗料、錆は油彩を使用。装甲板のエッジには、アーク切断の質感を加えたことをもっと目立たせるための塗装を施した

▶▶論理的に考えると、多くの引っかき傷は車体前面に集中すると思われる。一般的には、乗員が戦車に搭乗する時に上り下りする経路になるからだ。このため必然的に、前端は擦れて金属が露出した様相を呈することになる。また隅のほうには埃や汚れが蓄積し、クリン・デバイスには泥が乾燥してこびり付く。クリン・デバイスはフランスのボカージュ地帯を区分する石垣を取り壊すための追加装備だが、前線の小工場などで即興的に製作されたためしばしば無塗装のままで、すぐに錆が発生していた

▶砲塔の全体像と周辺の車体には、さまざまな色調のグリーン塗装や、それぞれの場所で異なる分量の埃が溜まる。これらの部位による違いは、ダメージの強さ、太陽光のあたり具合、踏まれる度合い、埃の集積度などによるものだ

# CROMWELL MK. IV

▼完成した車両。ノルマンディ方面で作戦中、フランス田園地方の農道を通過しているという設定のディオラマにセットしてみた

▼完成した車両。ノルマンディ方面で作戦中、フランス田園地方の農道を通過しているという設定のディオラマにセットしてみた

# CROMWELL MK. IV

# CROMWELL MK. IV

## 組み立て

もうひとつの作品の組み立てを行ないます。かなり以前に放棄された車両の様子を強調するため、さまざまな部分のディテールを追加しました。

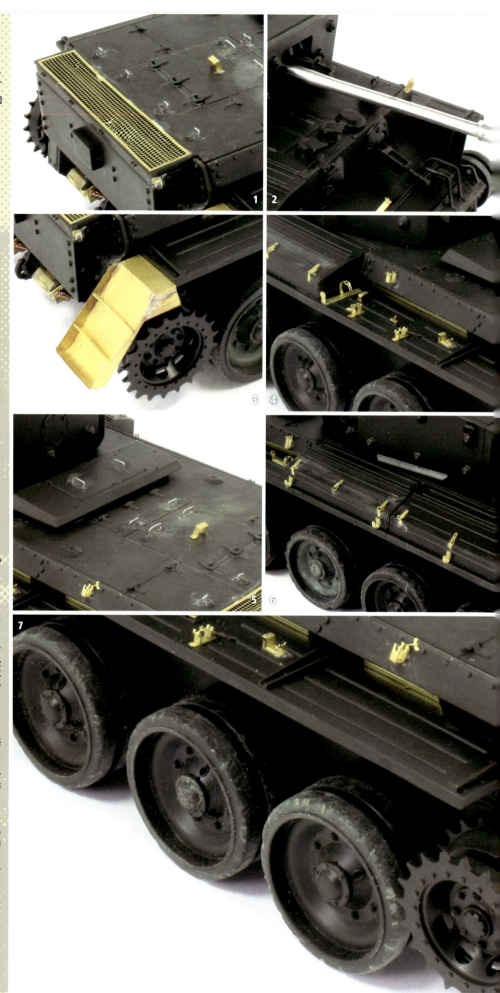

1. 排気口グリルは破れてぼろぼろの状態にした。このパーツを含め、各部にアベールのクロムウェル用エッチングディテールアップセットを使用した

2. キットのブラ製砲身は申し分ない出来だが、アルミ製挽き物砲身に交換すれば隙間埋めやサンディングなどの作業を省略できる

3. 階段状の補強板が特徴的なクロムウェルのフェンダー後部。放置され荒んだ状態を強調するため、右側後部のみを取り付け、前方も含めてその他は省略。アベールのエッチングパーツは疑う余地もなく素晴らしい製品だ

4. エッチングパーツによる追加工作のひとつとして、車外装備品の留め具がある。これらのパーツは、とくに今回のように装備品が失われている場合は、現実感をいっそう高めることができる

5. ステンレスや銅製の棒で取っ手類を作り直す。非常に簡単にできるディテールアップで、実物により近づけた魅力的なモデルとする大きな助けとなる

6. おそらくモデラーからもっとも嫌われているエッチングパーツは、フェンダーに取り付けられた雑具箱の留め具だろう。しかしこれを取り付けることで、本物らしさがまったく変わってくる。牽引ケーブル用のフックもエッチングパーツで、細部の品質を高めてくれる

7. 壊れた外観を強調するため、転輪のゴムリムは念入りに手を入れた。ヤスリと粗い紙やすりを使用し、多数の引っかき傷や欠けを作り出した

8-10. ハッチのバンパー、後方視察マウント、側面のラック類、前照灯ホルダーなど、エッチングパーツによって数多くの部分をディテールアップ。これらの細部パーツにより、さらに魅力的なクロムウェルを作り出すことができる

4 X 2 / 87

# CROMWELL MK. IV

## 塗装

塗装過程の順序は、以下の写真とともに説明します。

1. 下塗り：GSIクレオスのMr.サーフェイサー500を使用し、ガイアノーツのガイアカラー薄め液で希釈。モデルはこの後何度も重ね塗りを行なうので、サーフェイサーはできるだけ薄く希釈し、ディテールを損なわないようにエアブラシで吹き付けた。今回はそれほど問題とはならないが、薄い下塗りを行なったので全体的には必ずしも均一には仕上がっていない

2. 最初の塗装：酸化した色のベース塗料としてレッドを選択。AK3015ダークシャドウフレッシュをAK712アクリルシンナーで希釈し、エアブラシを使って気圧2kgで素早く塗布した

3. サビ色を塗る前に、AK088剥がれ表現液をやや薄めてエアブラシで2回にわたって塗布した

4. サビ色の塗装：車両の表面にさまざまなサビ色をランダムに塗布。塗料はAK706ライトラスト、AK707メディウムラスト、AK708ダークラスト、AK709オールドラストを使用。塗った後すぐに水で濡らした筆でいくつかの場所を擦り剥がれを作り出し、以前に塗装した赤い色を露出させる

5. サビ色の影付け：さらに数多くのパターンと色彩のサビ効果を得るため、跳ね付けのテクニックと、ある部分ではドライブラシにより、より多くのカラーを適用する。使用した色は、AK780ダークウッドグレイン、AK781ウッドグレイン、AK782バーニッシュドウッド、AK783ウェザードウッド。カラー名称は木材のものだが、これらの赤みのあるブラウンはサビ色のトーンに完璧にマッチする

6. グリーンカラー：グリーンを塗装する前に、エアブラシでAK088剥がれ表現液を2層に吹き付けた。時の経過やさまざまな成分によって退色したオリーブドラブに似た色として、AK715 RAL6011レゼーダグリュンを選んで塗布。いくつかの箇所の塗膜は意図的に薄くした。こうすることで、チッピングにラッカーテクニックを適用する場合に適したいろいろなタイプの剥がれを作り出せる

7. 錆の再現：この段階で、グリーンの下にあるサビ色を露出させ、打ち捨てられた状態とする。剥がれの形やサイズはそれぞれ無作為とし、ある種の論理性に基づいたものとなるよう考慮しよう。ただし見た目を美しくする目的で行なう場合もあり得る。「ラッカーテクニック」は多くのモデラーに知られている技法である。剥がれを起こしたい箇所を水で濡らし、そこを優しく擦る。写真にはこの作業で使用した工具が写っている

8-10. グリーンカラーのウェザリング：まだグリーンが派手過ぎると感じるので、もう少し退色させて、太陽光、雨、風などで痛めつけられたカラーに見えるようにしよう。この様相の再現のため、最初のグリーンにイエローグリーン、とくにAK713 RAL7028 DGIドゥンケルゲルプを混色した塗料を使用。ごく薄く希釈し、さまざまな形の染み状に塗ったり、ハッチやパネル類にフィルタリングを行なう。この効果は、垂直面よりも主に水平面に適用している

11. 退色が少ないグリーンカラー：オリーブドラブの退色を再び取り戻すため、明暗のコントラストを付け、退色し古びた色にハイライトを与える。退色を少なくする、あるいは古びたグリーンにコントラストを強調するべき箇所は、論理的に考えて、主に車体後部の側面、砲塔側面の下部となる。ドライブラシ技法でAK750プロテクティブグリーンを施した

12. グリーン色調のバリエーション：グリーンの色調にバラエティを与える目的で、またサビ色の陰影に馴染ませ、筆者が考える打ち捨てられた状態の外観に近づけるため、グリーンにいくつかのバリエーションを加えた。MIRのカドミウムイエローライト、カドミウムイエローディープ、ティターンのイエローオーカー、ホワイトなどの油彩によるフィルタリングを行なった

# CROMWELL MK. IV

13. 汚れ、埃と影：さまざまなウェザリング製品を適用し、いろいろな汚れの効果を再現する。AK262ブラウンウッド用フィルター、AK263ウッド用ウォッシュ、AK075 NATOウォッシュ、AK3017グリーングレーズを使用したが、これらの塗料は隠ぺい力が弱めで薄めやすく、修正や元通りに除去も簡単なので、非常に快適かつ使いやすく作業できる

苔と湿気：この作品のためにいろいろと情報を調べていたところ、苔むした状態の「戦車記念碑」を写した写真をいくつか見かけましたが、このクロムウェルを魅力的なものにするには非常に効果的なものだと思いました。苔の表現は筆塗りで行ない、塗料はファレホの70323 アメリカ海軍戦車兵ハイライトカラー、70923 WWII 日本軍ユニフォーム色、そしてAK075 NATO ウォッシュを使用。車体の垂直部分に水が流れた跡は、AK079 ウェットエフェクトフルードを AK083 トラックウォッシュでわずかに着色したもので表現しました。

14-15. 苔と湿気の効果は、完全にツヤ消しの塗装色への対比となり、車両に絶対的な特徴を与えるものとなる

以上が塗装過程の説明のすべてとなります。最後のステップが終わったら、一度モデルをゆっくりと観察して、気が付いた箇所に最小限のリタッチと修正を加えました。

## 完成した作品写真についてのコメント

◀走行装置にはとくにチッピングをじっくりと施し、バラエティーを持たせつつある程度共通の外観を持たせるようにした。またフェンダーのエッジには広範囲なバラエティの形、サイズ、色を持つサビを再現。ご覧の通り、湿気の表現もあらゆる箇所に行なっている

◀砲身の上面はチッピングが映える場所でもある。この箇所は、先端に行くにしたがってグリーンを徐々に退色させている。薄い皮膜で塗布されたグリーン塗料、そしてAK088剥がれ表現液を使用したことで、非常にカラフルな効果がラッカーテクニックによって実現されている

◀フェンダー上の雑具箱は非常に薄い金属板で作られており、常に操作され、踏みつけられ、叩かれていることため、非常に衰損している。このため、この部分の塗装もその事実を反映しなければならないだろう

# CROMWELL MK. IV

▲フェンダーは足跡や引っかき傷が付きやすいエリアでもある。溝の部分には雨水などが溜まるため、必然的にサビが出やすくなっている。苔もそのような湿潤な環境を選んで生えてくるものである

▼砲塔の後面と前面には大きなチッピングゾーンを設けた。これらのエリアでの強い左右対称を壊すのがその目的。筋汚れで湿った様子は、軽く着色したAK079ウェットエフェクトフルードで表現した

車体後面の装甲板は、流れ落ちる雨水が主役となりうる理想的な箇所である。もちろん排気口のグリルはエンジン排気の熱気とあいまって完全に錆付いている

▲車体前面はおそらく乗員の乗降によってもっとも踏みつけられる部分なので、エッジとなる部分すべてにチッピングと錆を施している。また水が溜まる影響を受けやすい隅のほうには湿り気を表現した。苔には色付けをして視覚的な魅力を加えている

履帯は時の経過とともに張力が弱まり、転輪の上で弛んでいく。転輪の下部にも、流れ落ちた雨水を表現した

# CROMWELL MK. IV

# CROMWELL MK. IV

最後に、道の脇に建てられたコンクリートとレンガの土台のベースを作って完成した車両を乗せ、第二次大戦中に激しい戦闘があった場所の戦跡を再現した

# CROMWELL MK. IV

# T34-76 PROD.43

*Rubén González*
ルベーン・ゴンサレス

# T-34-76 1943年生産車

## レニングラードの英雄　　　O.K.　　　1943年型 第183工場製

　1941年6月、ドイツ軍がソビエト連邦の侵略を開始すると、旧ロシア帝国の首都であり、革命のゆりかごとなったレニングラードを包囲。数多くの市民が取り残され、飢餓と酷寒が彼らを襲いました。この攻勢は、ボルシェビキらの戦意をくじくのみならず、バルト海艦隊を完全に無効化できる厳しい一撃でした。ソビエトはその年も翌年も、レニングラードの包囲を解こうとしましたが失敗に終わります。1944年1月14日、ボルホフおよびレニングラード正面から再びドイツ軍を攻撃。長い戦いによって疲弊していたドイツ軍は数日のうちに壊滅、レニングラードから撤退し、約900日に及ぶ包囲が終わりました。

　T-34は、当初ソビエトの軍需産業にさまざまな技術的難題を突きつけましたが、戦争が終結するまでにソビエトは約5万7000両の戦車を製造しました。1943年中期、生産は月産1000両に達し、性能は優れているものの複雑だったドイツ戦車よりもはるかに多く生産されました。設計を改善し単純化し、大量生産を行なうというソビエトの決定は、戦争の勝利に大きく貢献しました。

　ここで私が製作したT-34は、開いた状態の丸いハッチの見た目が似ていることから、ドイツ軍から架空のキャラクター「ミッキーマウス」と呼ばれ、レニングラードの厳しい戦いでよく見られた車両のひとつでした。

## ブダペシュスト陥落　　　K.O.　　　1942年型 第112工場製

　1944年秋から1945年春、ブダペシュストでの戦闘は、東部戦線で行なわれた作戦の中でももっとも厳しく、かつ血なまぐさいものでした。この戦いでは、ドイツとハンガリーの精鋭部隊と強力なソ連軍とが市街戦を繰り広げました。ドイツ/ハンガリー軍は1月中旬まで激しく抵抗しましたが、ソビエト軍は、砲兵部隊による集中砲火など、市街戦において非常に効果的な掩護を受けていました。もっとも血なまぐさい戦いは、オペラハウス、大学、ハンガリー議会の争奪をめぐるソビエト軍の狙撃兵とドイツ軍のエリート兵の間で行なわれました。2月中旬までに、ソビエト軍はこの都市を完全に掌握し、少数のドイツ/ハンガリー軍部隊が包囲を突破しようとしているだけとなりました。連合国にとってこの勝利は、ベルリンへと続く途上でのもっとも重要なもののひとつでした。

　この作品は、ブダペシュストの路上で破壊されたT-34で、第二次大戦中にソビエトで大量生産され運用された車両です。第5親衛戦車軍所属の本車輌は第2ウクライナ戦線(ステッペ戦線)に配備され、ドニエプル川の戦い、ベオグラード解放、ハンガリーおよびオーストリア方面の作戦に参加しています。

# T34-76

## 組み立て

筆者には自明の理ですが、あえてキットの箱を開けた時に感じる直感の理由を考えてみましょう。今となってはタミヤのキットは最高の出来とはいえません。ドラゴン、トランペッター、アスカモデルなどのメーカーが高品質のキットを発売している今、私はなぜタミヤを選んだのでしょうか？ ごく簡単に考えると、ご存知の通り以下のタミヤのモットーがあてはまります。"レス・イズ・モア！" このキットは他のメーカーよりもシンプルな組み立てが可能で、自作パーツや市販のディテールパーツにより追加工作を行なえば傑作となりうるだけの素材を提供しています。

今回製作したキットは「ソビエト T34/76 戦車 1943年型」（品番35059）で、いくつかのディテールと修正を加えれば、現在も大きな成果を得られます。もちろんキーとなるパーツ、例えば金属製挽き物砲身や連結式履帯などへの交換はほぼ必須の作業となります。初期型履帯は、MSD（旧マケット）の別売りキットを使用。後部の角形燃料タンクはミグプロダクションズの別売りパーツにエバーグリーンのプラ棒、銅線を追加したもの。いずれも過去の栄光を再興する仕上がりのために必要なものです。

1-2. 組み立てが完成、塗装直前の状態。キットのままのパーツと、砲身、履帯、補助燃料タンクなど追加工作を行なった部分の違いがよくわかる

3. レジン製の補助燃料タンクを取り付けた車体後部。後部の冷却気排気グリルはナイフで開口し、適切な厚さの金属メッシュに交換。内側から瞬間接着剤で固定している

4. プラ製の別売り履帯は、組み立て後に転輪に接着した。なお足周り製作の詳細は、AKインタラクティブのAKラーニングシリーズNo.3『Tracks and Wheels』に掲載されている

5. エバーグリーンのプラ棒を使い、車体各部の取っ手を作り替えた

6. 前照灯は内部をくり貫き、レンズをM.V.プロダクトのクリアパーツと交換。支持架は金属板で自作し、電源コードは銅線で追加した

7. 側面の取っ手にぶら下がったキャンバスシートはエポキシパテで自作

8. 車体側面の履帯防滑具固定用フックは適当な太さの銅線で作り直した。各箇所に瞬間接着剤で固定した。またキットの燃料タンク固定用の穴はエバーグリーンのプラ板で埋めている

## 塗装

### 下塗り

1. このモデルはプラスチック、レジン、金属など複数の素材で組み上げたので、素材によって塗料の定着具合が異なっている。そこでまず各表面の塗料の定着具合を均一にするため、下塗り用のプライマーを塗装する必要がある。またプライマーを塗ることにより、組み立てのエラー、接着剤の汚れ、サンディング時の傷などを発見しやすくし、塗装前に修正できる効果もある。下塗りにはAK175グレープライマーを使用。隠ぺい力が高い上に皮膜の強度が強く、希釈せずにエアブラシで使えるなど申し分のない塗料だ

### 基本色の塗装

2. 基本塗装には、AK561「ソビエト戦車塗装色セット」を選択。このセットには第二次大戦中のロシア車両で使われた緑系と茶系の色と、冬季迷彩用のウォッシャブルホワイトペイントが含まれている。AK712アクリルシンナーで薄く希釈し、エアブラシで適用した。車体全体の塗装には、AK746 4BOロシアングリーンを使用した

3. 全体の塗装色にAK700ゲルブブラウンを混ぜ明るくした色を、基本色の上に軽く上がけした。この色により、すべての傾斜部と水平面の中間的な部分を明るくするが、この時点では変化は微妙なものとすべきだ

4. 光の第2段階として、さらにAK738ホワイトを加えた色を吹く。この色で上面と傾斜部の平面、そして再び水平面を明るくする。こうして上方からの光が当たった状態をモデルに反映させ、基本色をより魅力的に見せることができる

5. 基本色を明るくしていく時は、明暗を強く付け過ぎてはならない。今回の場合、冬季迷彩を行なう前の基本色なので、いわゆる「カラー・モジュレーション」効果を狙っているわけではない

# T34-76

6. 基本色を塗り終わったら、迷彩塗装を行なう。第二次大戦のソ連車両の典型であるグリーンとブラウンの2色迷彩を選んだ。AK561「ソビエト戦車塗装色セット」からAK748 7Kロシアンタンを使用した

7. 履帯はすべてAK722ダークトラックで塗装。今後の処理のベースとしては理想的な色となる

8. 転輪のゴム部分はAK720ラバータイヤで筆塗りした

9. 足周りの塗装が終わったら、まず走行装置全体に埃汚れを吹き付ける。履帯にもAK722ダークトラックとAK723ダストを50%ずつ混色した色を使ってハイライトを入れた。

## マーキングの塗装

10. 基本的な塗装を終えたら、ウェザリングを始める前に、戦術マーキングや車体番号などを書き入れる。マーキングは塗装またはドライデカールが最適だ。デカールでもよいが、後の表面処理がもっとも薄いものでも難しくなる

## 冬季迷彩の塗装

この種の迷彩は、気象条件によってさまざまなダメージを受けることで非常に魅力的なものとなります。冬季の東部戦線におけるほとんどの戦車は、雪の多い平地で発見されるのを避けるため、事実上すべての車両にこの迷彩が施されていました。しかし泥、雨、そして非常に湿気の中で不整地を行動する車両は、厚い泥に覆われることになります。このような白い迷彩の上を覆う泥だらけの状態をモデルに再現することはそれほど難しいことではありません。そのためのテクニックや製品を正しく使用すればよいのです。

11. 最初のステップでは、剥がし液を適用する。AK088剥がれ表現液（チッピング控えめ）を、ビンからそのままエアブラシで吹き付ける。ある部分で作業をすべて終えてから、次の部分を作業すると、全体の工程を止めずに作業できるだろう。すなわち、剥がし液を塗り、ホワイトを塗布し、ホワイトの下にあるグリーンが見えるようにチッピングを行なうという一連の塗装処理を、車体下部、車体上部、そして砲塔の、3つの部分に分けて作業した。もちろん各自の技量に合わせて、やりやすい方法を取ってもよいだろう

12. 指で触れてみて剥がし液の乾燥したことを確認したら、エアブラシでホワイトを塗布する。AK738ホワイトを砲塔全体に吹き付け

13. 2、3分待ってホワイト塗料を乾かしたら、水道水で湿らせた筆で表面に水分を与える。ホワイトがどのように剥がれ、下地のグリーンが露出する有り様がよくわかるだろう。さまざまな剥がれを実現するためにいろいろな工具を使用した。これらの効果を表現する場合、首尾一貫した状態とするため、露出部分を明確にわかりやすくすることが必要だ

14-15. グリーンベースのホワイトチッピング処理の結果

## 戦術マーキングの塗装

16. エッチングパーツのマスクシートを使用して戦術マークを描き込む。筆塗りで行なったが、エアブラシで塗装したほうがやりやすいだろう

17. 車体のホワイトはエアブラシ塗装が最適。角や隅など、通常は触れにくい部分などを中心に塗布した

18. 車体のチッピングを行なう

19-20. 車体と砲塔のチッピングが完了。最終的な仕上がりはご覧の通り

## フィルタリング

21-22. フィルタリングは、AK065アフリカ軍団フィルターおよびAK076 NATOフィルターをミックスしたもので行なった。これはいくつかの箇所に異なる表面仕上げを施す基礎作りとして行なっている。それぞれのフィルター塗料を50%ずつ混ぜ、平筆で直接塗布。ただしすべての面に適用せず、異なるエリアやパネルごとに行なっている

23. フィルター塗料が乾燥したら、専用溶剤を含ませた筆を使用してボカしていく

24. コントラストを付けることで見た目の面白さを生み出せる。砲塔側面各部での明度と彩度差に注意

## ホワイトのウォッシング

25-27. AK561「ソビエト戦車塗装色セット」に含まれているAK751ウォッシャブルホワイトペイントは定着が弱いので、筆やエアブラシで塗布した後、水や筆などで容易に剥がすことができる。この特性により、水溶性塗料が水分により剥がれた効果を再現できる。塗料が完全に乾く前に、水を含ませた筆を使って部分ごとにホワイトを拭っていけば、思いのままに段階的な退色の効果を出すことができる

28-31. すでに剥がし液を使ってホワイトを剥がしておいた部分にこのホワイト塗料を使うと、非常に面白い効果や特性を得ることができる。塗料には面相筆、スポンジなど、さまざまな用具を使用するとよい

32-35. 車体での作業の結果。部分に応じてさまざまな様相を再現した

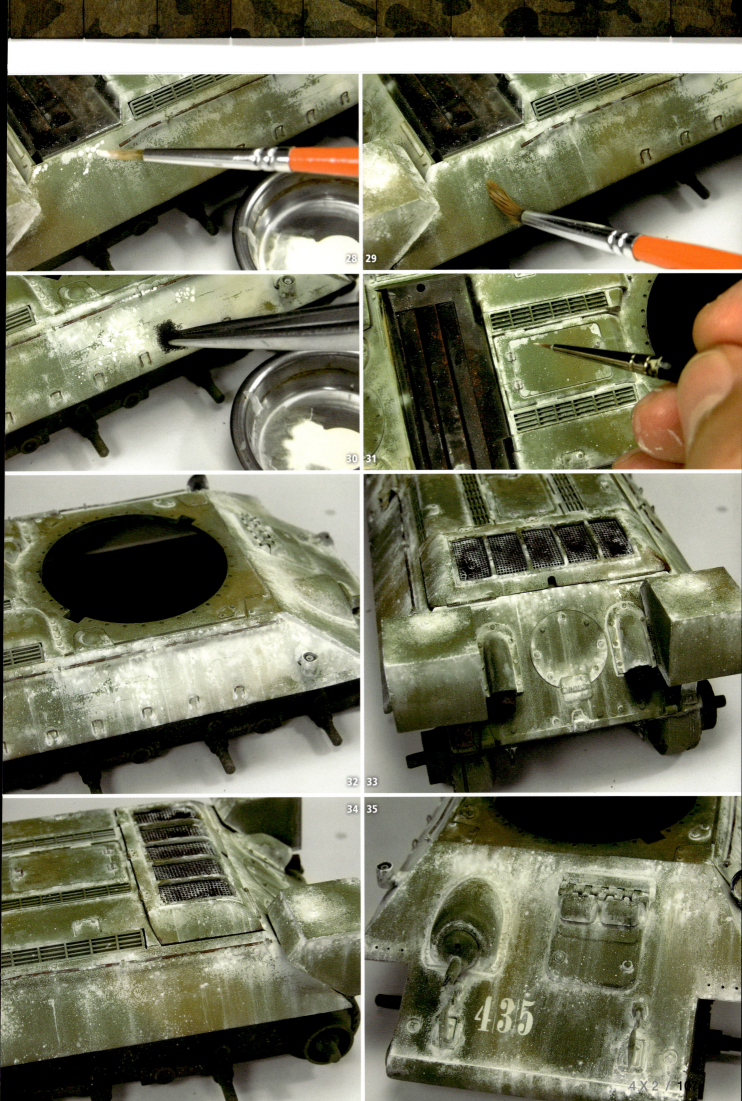

# T34-76

## 砲塔のウォッシング

36-37. AK045グリーン塗装用ダークブラウン、AK300ダークイエローウォッシュ、AK093インテリアウォッシュを混ぜた色で、あらゆる凹んだ部分に対しスミ入れを行なう。乾燥後、はみ出した部分は専用溶剤で拭き取る。このようなウォッシング塗料を施す時は、表面はつや消しではなく半つやにしておくこと。ツヤ消しの表面にウォッシングすると、塗料は凹んだ部分に止まらないだけではなく平面にも広がってしまい、拭き取りもほとんど不可能になってしまう

38-40. ご覧の通り、輪郭を描きハイライトさせることですべてのディテールが強調される、完璧なテクニックだ

## 筋状の汚れ

41-42. 前作業で混色したウォッシング塗料は、ウォッシングだけではなく、側面に筋状に走る汚れを再現する作業でも使用する。塗料を縦方向に筋状に塗り、2,3分待ってから、専用溶剤に浸したやや広めの平筆を使って筋をボカしていく

43-45. 作業直後なのでまだ乾燥していないが、元の状態から異なるトーンを持つ外観とすることができた

46-51. その後、縦方向の汚れを再現する専用塗料であるAK014ウィンターストレーキンググライムを使用した。この製品は非常に使いやすく、白の下地色に対して非常に面白い効果を作り出せる。塗料をビンからそのまま面相筆で取り、細い縦線を描き、その後専用溶剤を含ませた筆で馴染ませる。もちろんエッジや凹みを強調させるため、スミ入れのような用途にも使用し、多様な色彩を得ることもできる

52-54. 砲塔での作業結果はご覧の通り。最初のウォッシングで行なった効果をさらに深化させることができた

55-58. ここでは2通りの適用方法を提示する。上から下に向けての筋汚れは流れ落ちる汚れ、下から上に向けての筋汚れは地面からの汚れが表現できる

# T34-76

## 油彩

59-66. 油彩をいつものように適用。車両が全体的に汚れ、塗装が退色した雰囲気を再現する。色は502アブタイルンクの035バフ、093ベーシックアース、080ウォッシュブラウンと、ティターンの77セピア、ウィンザー＆ニュートンの676バンダイクブラウンを使用。適用する面に面相筆で配置し、やや太めの筆と溶剤で馴染ませる

59

60

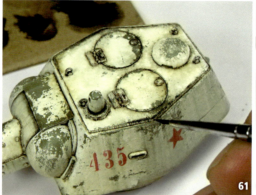
61

62

63

64

65

66

この手法では、車両の各部分に対し、幅広い色彩パターンを意図した通りに与えることが可能となる。馴染ませる時に充分に注意して作業すれば、不用意な混色を避けることができる。水平面には黄土色や土色を、エッジやハッチの縁はより暗い色やセピア色を使用している。吸気グリル後部側面の筋汚れに暗い油彩色を適用していることに注意

## チッピング

67-68. 最初の段階として、AK711ダークチッピングを使用し、暗い色の剥がれを高品質の面相筆で描き込み、表面塗料の擦り傷や引っかき傷を模倣する。これらの傷は統一された論理的な方法で配置し、やり過ぎには充分注意すること

69-70. 次の段階は赤サビの再現だ。ファレホの150ジャーマンカムフラージュブラックブラウンと301明るい鉄さび色を使用する

71-72. ここで一度慎重に車両の外観を観察し、すべてが適切に行なわれていることをチェック。筆の滑りで不自然に見えたり、失敗して不本意な効果を生み出した場合などは、今ならまだ修正が容易だ

## 埃汚れの下準備

73-74. ここでは、最終的な埃汚れを施す準備を行なう。この「下汚し」は、XF-52フラットアースおよびXF-57バフの混色を車体下周り、水平面、そして埃を蓄積しそうな部分にエアブラシで吹いた

75-76. 下汚しを行なった箇所に、AK078ダンプアース、AK080サマークルスクアース、AK074 NATOレインマークを混ぜたものをウォッシング的に塗布し、埃の質感とニュアンスを付ける

# T34-76

## 泥汚れの処理

モデルに泥汚れを施すことはそれほど難しい作業ではありません。やや手間のかかるステップを繰り返す必要がありますが、この各工程を正確に行なうことで思い通りの効果を得ることができます。1度の作業のみでは、決してリアルな泥汚れにはなりません。

77. エナメル塗料、細かい砂、乾いたポシドニア玉（スペインで「オヴィーヨ・デ・マール（海のオリーブ）」と呼ばれる地中海産の海藻。安価でディオラマ用の草などに広く使われる）、石膏を用意し、これらを混合する。ポシドニア玉が手に入らない場合は、ディオラマや鉄道模型用に販売されている草で代用するとよいだろう。エナメル塗料は前述の下汚しに使用した色をベースに、細かい砂、短めのポシドニア玉、石膏を少しずつ混ぜていき、適切な質感と濃度となるように調整する

78-80. 泥汚れを付着させていく。難しい作業ではないが、付着させる場所については注意が必要だ。硬めの筆を使用し、付着後にも泥の質感が残るようにする。乾いた穂先で表面を点刻してもよい

81. 次のステップでは、AK017アースエフェクトとAK023ダークマッドをベースに石膏を混ぜたものを使用する。跳ね汚れを再現するので、濃度は前のものよりやや濃い目にしておく

82. ツマヨウジに筆を擦り泥跳ねを付着。大きすぎる跳ね汚れは溶剤で除去できる

83. 3番目のステップでは暗い色の泥を使用。AK023ダークマッドに石膏を混ぜたもの

84. この泥も跳ね汚れとして適用する。ただし車体下部のみに跳ねかかるように作業しよう。この最後の工程により、乾いた泥と湿った泥の外見を得ることができる

85-86. 泥の質感に注目。泥の厚みが薄くなるほど明るく見えることがわかる

 77  78
 79  80
 81  82
 83  84
 85  86

87. 最後に、いくぶんかの明るさを泥に加え、かつ湿った感触を強調するため、AK016フレッシュマッドおよびAK079ウェットエフェクトフルードを塗布

88. この色は筆を使用し、流れ落ちる汚れとして適用。泥が湿っている感じを出す。泥は塗料を吸収しやすく、したがってツヤも和らげられてしまうため、塗料が乾燥したら、この作業を何回か繰り返して強調する必要がある

## 燃料、オイル、グリースの染み出し、湿気の表現

泥汚れの工程が複雑だとしたら、この作業はそれよりは難しくありません。ただし最終工程に近づき、車両の見映えや個性が決定されていくので、さらに注意して作業しましょう。ここからはより芸術的なセンスが加味されていきます。

89. AK016フレッシュマッドを使用し、車体下部に染みや筋を描いていく

90. 泥汚れ部分にさらに塗料を跳ねかけ、車体下部全体にはっきりしたコントラストを与える

91. さらにティターン油彩の78アースニュートラルシェイド、77セピア、80ビチューメンを使い、同様の処理を行なう

92-94. ビチューメン（瀝青色）を使うと、特定の箇所から漏れるグリースや油染みを表現できる。この前の作業も含め、清浄な状態のAK011専用溶剤に浸した筆で薄めやボカしを行なうこと

# T34-76

95-96. ピグメント数色とAK079ウェットエフェクトフルードを使用し、車両に派手さを加えるような汚れや表面効果を施す

97-100. 燃料のこぼれを再現するため、以前に述べたような作業を再び行なう。まず再現する箇所にピグメントを少量配置してから、専用溶剤でやや希釈したAK025フューエルステインを面相筆で塗る。これを数回繰り返すことで、最高の結果を得ることができる

## 排気管の汚れ

101. エンジン排気管およびその周辺のエリアに黒いピグメントを塗るだけで、非常にリアルな排気汚れを表現できる

## 履帯と足周り

車輪と履帯の仕上げ作業は、車体の他の部分で行なったものと同様ですが、ここではステップ・バイ・ステップでお見せします。

102. 泥のベースとなる混合物を車輪に塗布。外側により多くの泥が溜まるようにする

103. 同じ混合物をさらに薄めたものを、履帯にも適用する

104. 専用溶剤を使い、履帯の内側部分にある固まりを取り除く

105. AK023ダークマッドに石膏を混ぜたもので跳ね汚れを加え、質感と色合いに深みを加える

106. ここで再び専用溶剤を使い、大きすぎる跳ね汚れの拭き取りやボカしを行なう

107. 履帯の外側に再び跳ね汚れを加え、中央の部分を重点的に強調する

108. AK074 NATOレインマークで、転輪のゴムム部分を軽くウォッシング

109. 履帯外側のリンク部分にも同様にウォッシング

110. AK016フレッシュマッドとAK079ウェットエフェクトフルードを混ぜたもので、湿った状態を表現

111. グリース汚れは油彩のビチューメンで行なう

112. 同じ塗料を使って履帯の外側に跳ねかけ、さらに多くの湿った効果を加える

113. 同じ塗料で、履帯の連結部分にウォッシングを行なう

114. 金属色ピグメントのAK086ダークスチールを平筆で擦るようにすると、車輪と履帯の内側が擦れて光った金属の効果をうまく再現することができる

115. 履帯の外側を鉛筆またはグラファイト鉛筆で擦り、同様の金属的な効果を加える

116. 油彩のビチューメンを使用し、いくつかの履帯の接続部分に付着したベタベタしたグリースをシミュレート

117. 車輪と履帯のウェザリングが完了

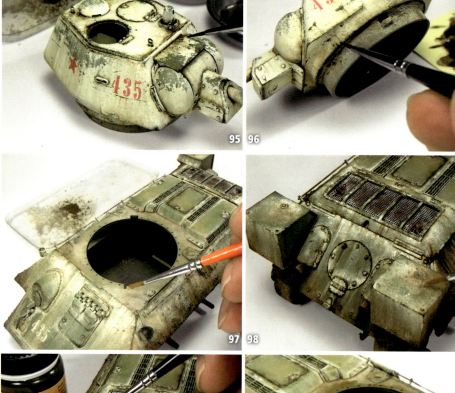

4 X 2 / 115

# T34-76

# T34-76

以上の写真では、完成した戦車にソビエト戦車兵フィギュア、ジェリカン、バケツなどを補足した。これらのアクセサリーを提供してくれた親友イヴァン・モンロイグ氏に感謝したい

参考資料：
- Airconnection Publications／T34 Mythical Weapon (Robert Michulec, Miroslaw Zientarzewski)
- Concord Publications／Soviet tanks in combat 1941-45 (Steven J. Zaloga, Jim Kinnear, Andrey Aksenov & Aleksandr Koshchavtsev)
- Squadron Signal Publication／Soviet Panzers in Action - Armor no.6
- Squadron Signal Publication／T-34 in Action - Armor no.20

# T34-76

## 組み立て

　この作品では、タミヤ往年の傑作「ソビエトT-34/76 1942年型」（品番35049）の車体下部と、AFVクラブ「T34/76 1942年第112工場製 限定版」（品番AF35S51）の砲塔を使用します。これは友人のヴィクトル・トマス氏から頂いたアフターマーケットの車内再現レジンパーツの適合キットであるためです。車体上部はタミヤのものよりディテールが向上しているドラゴンのキットから流用しています。

　作品の目標は足周りが完全に焼け落ちた車両とし、ミグプロダクションズの転輪とフリウルの履帯セットを使用。その他の部分はご想像の通り、エバーグリーンの各種プラ材、銅線、自作のグリルメッシュなどです。

1. 組み立てが終わった車体。さまざまなメーカーのパーツを組み合わせ、必要な部分をプラ材や銅線などでディテールアップしている

2. 車体前部。先端部分の修正や砲塔周りの跳弾板を追加するなどの工作を行なっている

3. 金属メッシュで自作したエンジングリル周りは、ポンチやハサミなどでダメージ表現を加えた

## 塗装

### 下塗り

4. 下塗りとして、AK712アクリルシンナーで希釈したAK738ホワイトプライマーをエアブラシで塗布。白を下地とすることで、炎で炙られた金属表面を再現する赤やオレンジ色のトーンが生き生きと力強く発色する

### サビ色の基本塗装

5. 基本色は、AK551「錆塗装色セット」から黄土色やオレンジ系の色を選択。また色をはっきりと明るくするためにAK122現用米軍OIF&OEFベースカラー、AK092 RAL9001クリームヴァイスも併用。いずれもAK712アクリルシンナーで希釈して塗布した

6. エアブラシで塗布した上から、筆を使って新たな調子を付ける。さまざまな色調を加えることでディテールを目立たせる効果を狙う

7. AK746 4BOロシアングリーンを筆塗り。車両の元々の塗装が残っている状態を再現するため、いくつかのディテールや細部を塗り分ける

8. 筆で塗ったグリーンが残る細部と、黄土色とオレンジのさまざまな色合いとの対比に注意

9. 基本色の塗装が終わったら、黄土色とオレンジの色合いの塗料をごく薄く希釈して塗布。厚塗りを避けるため薄い塗料で塗布すること。今回は水で希釈している

10. 砲塔と車体の明暗の差に注意。砲塔は主にエアブラシで、車体は主に筆で塗装しているという違いがある

11. これで車両のウェザリングを行なう準備が整った。なお砲塔は上方からの光でハイライトされているように塗装している

4×2 / 121

# T34-76

## 車体下部の下準備

12. 野外の不整地で運用されていた車両でなくとも、車体の下部には埃や泥が付着するものだ。これらはいくらかの湿気とともに、隅や隙間などの細かい部分に固まった土が詰まることになる。この状態を再現するため、細かい砂とパテを混ぜてアセトンで溶き、硬めの筆でランダムに塗り付けた

13-14. 泥の混合物が乾いたら、エアブラシで明るく茶色い色調を吹き付け、その後の処理を行なうためのベースとする

## 車体下部の塗装

15. 最初にベースとなる色を塗装。アクリル塗料を使用し、さまざまな色を塗りながら混色していく。この方法を使うと、色の面白い変化や退色が得られる。カラーはAK722ダークトラック、AK784ライトグレイ、AK724ドライライトマッド、AK738ホワイトを使用した

16. 暗い色は隅や角に塗り、明るい色はより光が当たりやすい部分に塗布する

17. 水で希釈した場合でもアクリル系塗料はツヤ消しになりやすい特性があるが、仕上がりを確実にするため、塗料につや消し剤を混ぜておこう。AK183ウルトラマットバーニッシュまたはAK775を使用した

18-19. 次にピグメントを塗布。AK042ヨーロッパアース、AK140シェンナソイル、ミグプロダクションズのP035パンツァーグレイ・フェーディング、P022アッシズホワイト、P023ブラックスモークを使用。ピグメントは細筆を使って表面に直接塗布し、やり過ぎた部分は吹き飛ばす。塗布には特定のパターンはなく、適切な部分を暗くするようにした

20-21. ピグメントはAK048 AKピグメント定着液を使って定着させる。ピグメントを剥がさないよう注意しながら、筆を使って少量を垂らしていく

22. 質感を与えるため、AK017アースエフェクトとAK074 NATOレインマークを混ぜたものを車体底部に散りばめる

23. AK082エンジングライムおよびAK084エンジンオイルを使い、あらゆる種類の染み汚れと筋汚れを施す

24-26. 作業後の車体下部の状態。ただし完成後は、これらはほとんど見えなくなってしまう

# T34-76

## 燃え尽きた車体の表現

見た目は複雑ですが、正しい作業法さえ見つけることができれば、いくつかのやや独特な手順を踏むだけのまったく簡単な作業です。これらの手順は使用する塗料の種類によって区分され、アクリル塗料、油彩、エナメル塗料、ピグメントの順序で使用します。

モデルの上に再現しようとしている状態に適合する色や効果に得るには、よい資料を入手し、つねに作業中に参照できるようにしておくことが重要です。

27. 最初のステップでは、剥がし液を塗布。さまざまな部分にAK088剥がれ表現液をエアブラシで吹き付けた

28. その後、タミヤアクリルのXF-1フラットブラックとXF-24ダークグレイをアルコール系溶剤で薄め、煤煙が付いた部分に不規則に吹き付けた

29. 2、3分待ってから、水道水と筆を使って表面を濡らし始めると、徐々に塗料が剥がれ、基本色が現れてくる。さまざまな剥がれ方を表現するため、いろいろな種類の筆や、ツマヨウジなどの工具類を使用した

30. 作業結果を見る。赤い基本色の上に暗いグレーのチッピングが施された

31-32. チッピング作業が進行中の車体

33-34. 砲塔のチッピングは、車体よりも穏やかにしている

35-36. 次の段階に移る前に、全体の仕上がりを見る。さまざまな処理の結果を観察し、続く作業へのイメージを固めることが重要だ

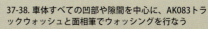

37-38. 車体すべての凹部や隙間を中心に、AK083トラックウォッシュと面相筆でウォッシングを行なう

39. ウォッシング後2、3分経過したら、軽く専用溶剤を浸したきれいな筆を使い、上から下に向かうように余分な塗料を拭き取っていく。筆を常にきれいに保っておくため、ティッシュペーパーなどで拭き取った塗料を拭うとよい。また基本色をツヤありにしておくと拭き取りが簡単だ

40-42. ウォッシング後の各部の状態。凹部が暗くなり細部が強調されている

43-44. ライトオレンジからレッドブリックまでのいろいろな色調を使ってチッピングを行ない、火災の燃焼によって表面の塗装面が完全に剥がれ、防錆塗料が段階的に露出した上の引っかき傷を再現する

45. 次は油彩によるウェザリング。燃え尽きて錆びた様子とするため、パレットには肌色、オレンジ、グレー系の色が必要。503アブタイルンクのABT001スノーホワイト、ABT035バフ、ABT0140ベーシックフレッシュトーン、ティターンの10レディッシュネイプルスイエロー、ABT020フェーデッドダークイエロー、ABT060ライトラストブラウン、ABT0130ダークマッドを使用した

46. 油彩は一定の法則で適用する。暗い色の部分は煤煙の色を、火災で露出した部分は錆びた色を使用した

# T34-76

47. 各部にさまざまな油彩を点付けしたら、専用溶剤を含ませた丸筆を使って馴染ませる。表面で上下方向に動かして油彩を溶かしていく

48. ティターンの10レディッシュネイプルスイエローから始めて、ウィンザー＆ニュートンの676バン・ダイクブラウンとハンブロールのレッドレザーの混色を使い、そこかしこに跳ねをつけ、金属と錆のさまざまな不規則性を再現した

49-52. 油彩の跳ねによる効果。同時に塗装面にある種の質感も与えることができる

53-54. 次はエナメル塗料を使用。雨垂れによる汚れをシミュレートするため、上部と下部の両方の軽い筋汚れから始める。AK074 NATOレインマークを直接ビンから取り、面相筆で適用した

55. 凸部の隅に埃が蓄積した様子も、同じ塗料で再現する

56. 塗料が完全に乾く前に、専用溶剤に浸したきれいな筆で擦る

57. 次のピグメント塗布の下地として、油彩の時と同様に塗料の跳ね付けを行なう。塗料を付けない部分をマスキングしながら車体下部に対して行ない、AK017アースエフェクトとAK074 NATOレインマークの混色を使用した

59. 油彩のビチューメンを使用し、適切な箇所にグリースの染み出しを着色する。この染みはきれいなAK011専用溶剤でボカすことができる

60. 油彩、エナメル塗料、ピグメントのコンビネーションにより、視覚的に非常に訴えかけてくる、よい効果が得られていることがわかる

61. 最後の段階として、車体下部に使用したピグメントと同じもので、火災によって作られた煤煙の効果を加える。面相筆で表面に直接擦り付けているので、やり過ぎたらすぐに拭き取ることができる

62. AK048ピグメント定着液を使って定着。筆は表面にあまり擦り付けないに注意しよう。燃焼と火災の効果と呼ぶべきものができ上がった

63. 火災後の漏れや汚れによって起こったさまざまな退色は、AK084エンジンオイルにAK079ウェットエフェクトフルードを混ぜたもので再現。専用溶剤で効果を調整することは可能だが、ゆっくりと慎重に作業しないと、これまでの成果を台無しにしてしまうこともある

64. 典型的なエンジンの汚れは、ティターンの油彩77セピアとAK079ウェットエフェクトフルードで再現した

65-68. エナメル塗料とピグメントの併用により、多様で目を引く仕上がりとなっている

# T34-76

## 転輪

転輪を仕上げるプロセスは車両の他のパーツとはやや異なるので、ここではステップ・バイ・ステップでご紹介します。

69. 基本色の塗装は車体と同様に行なう

70. タミヤXF-24ダークグレイをランダムに吹き付ける

71. AK088剥がれ表現液をエアブラシで塗布

72. 再びエアブラシを使ってAK746 4BOロシアングリーンを塗る

73. ロシアングリーンをさまざまな方法で剥がす

74. 転輪の塗装が完了

75. 茶系の油彩でウォッシング

76. 転輪の外側をホワイト、バフ、グレーの油彩でウォッシング

77. ピグメントを塗布。最初にグレーとブラックを適用

78. 次に明るいピグメントを塗布

79. 最後にピグメント定着液で定着させる

## 履帯

履帯はホワイトメタル製のものを使用しました。今回のように破壊された車両を作るには最良の選択です。履帯の仕上げ方は以下の通りで行ないます。

80. AK159メタルバーニッシュフルードを使い、酸化による黒染めを行なう。効果を強調するため、薄めずにビンの液剤をそのまま使用。この製品を使用する場合は、いくつかの点に注意する必要がある。液剤が付着しないように手袋と、可能なら目を保護するゴーグルを着用しよう。ホワイトメタル製の履帯に適切な効果を与えるため、中性洗剤またはアセトンで洗い、古い歯ブラシで表面を磨いておく。この液剤は、作業時間と薄め方によって仕上がりが変化する。作業後は、非常に説得力のあるリアルな外観が得られる

81. 黒染めの後、AK551「錆塗装色セット」に含まれるアクリル塗料のAK706ライトラスト、AK707メディウムラスト、AK708ダークラストでドライブラシを行なう

82. ここまでの作業後の履帯の外観

83. 履帯にこれまでの過程と同じ色のピグメントを塗布。思い通りの結果となったら、最終段階でホワイトとブラックのピグメントを塗布する

84. 履帯は車体に取り付けるまでに何度も触れなければならないので、ピグメント定着液は必ず塗布しておく

85. ピグメント定着液が乾燥したら、跳ね汚れを施す。AK074 NATOレインマークは埃っぽい汚れとして全体にラフに塗布。油っぽい汚れのAK084はエンジンオイルはそれより選択的に塗布する

86. 作業後の状態。もし使用された履帯らしくするなら、摩擦による影響で金属地が露出した状態を再現できる鉛筆のグラファイトを擦り付けよう

87. ブラックとホワイトのピグメントを塗布し、転輪のゴムリムが火災により燃焼した状態を再現。これらのピグメントは地面と接触する部分に広く適用する必要がある

88. AK048 AKピグメント定着液で定着させる

89. 車両に履帯を取り付けたら、履帯と同じピグメントを転輪の内側に塗布する

90. また履帯がかかっていない転輪にも、転輪の上面部分に燃え残ったゴムリムの「灰」として塗布しておく

91. ピグメント定着液で定着して完了。ピグメントの「灰」にできるだけ触れないように注意して作業しよう

# T34-76

　車両は、史実とこの車両の両方を結びつける助けとなるような小さなベースの上に固定しました。ベースの上に固定することでモデルを取り扱いしやすくする目的もあります。フィギュアはドラゴンのフィギュアセットをホーネットの頭部に置き換えたもの。フィギュア塗装を担当していただいた2人の親友、ホルヘ・カサノヴァ氏とオマール・ハリド氏に感謝します。彼らはファンタジー系フィギュアの塗装で素晴らしい技量を持っていますが、こちらのジャンルでも卓越した作品に仕上げてくれました。

参考資料：
- Airconnection Publications／T34 Mythical Weapon (Robert Michulec, Miroslaw Zientarzewski)
- Concord Publications／Soviet tanks in combat 1941-45 (Steven J. Zaloga, Jim Kinnear, Andrey Aksenov & Aleksandr Koshchavtsev)
- Squadron Signal Publication／Soviet Panzers in Action - Armor no.6
- Squadron Signal Publication／T-34 in Action - Armor no.20

# HOW TO USE PRODUCT GUIDE

**AK015**
ダストエフェクト

自然な埃汚れの効果を再現するためのエナメル塗料です。戦車の転輪、履帯、車体下部にただ塗るだけで、最大限のリアルな効果が得られます。埃汚れに厚みを付けたい場合は、この塗料に石膏粉を混ぜるとよいでしょう。

塗料はビンから直接塗布することもできます

質感を出す場合は、粉末状の石膏を少し加えてください

筆でよく混ぜ合わせます

（エアブラシで吹き飛ばしてもOKです）。塗料の濃度に応じて跳ねのパターンが変わります。思った通りの効果を得られるまで、不要な紙などでテストしましょう

埃や泥が付着した様子を再現するには、硬めの穂先の筆とツマヨウジを使います

大き過ぎる泥が付いてしまっても、専用溶剤を含ませたきれいな筆を使って修正できます

最終的な仕上がり

ご覧の通り、車体下部に泥や埃の質感がリアルに再現できます

# HOW TO
## USE PRODUCT GUIDE

**AK016**
フレッシュマッド

湿り気が残る自然な泥汚れの効果を再現するためのエナメル塗料です。戦車の転輪、履帯、車体下部にただ塗るだけで、最大限のリアルな効果が得られます。この塗料も、厚みを付けたい場合に石膏粉を混ぜることができます。

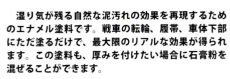

塗料はビンから直接塗布することもできます

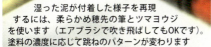

思った通りの効果を得られるまで、不要な紙などでテストしましょう

湿った泥が付着した様子を再現するには、柔らかめ穂先の筆とツマヨウジを使います（エアブラシで吹き飛ばしてもOKです）。塗料の濃度に応じて跳ねのパターンが変わります

練習次第で、作品に非常にリアルな仕上がりを得ることができるでしょう

ツヤを付けたり、湿った感じを強く出したい場合は、AK079ウェットエフェクトフルードを適量混ぜます

混ぜ終わった塗料で、改めて作業を繰り返します

最終的な仕上がり

AK016フレッシュマッド、AK078ダンプアース、そして石膏粉を少量混ぜることで、最終的な仕上がりにさらに質感を加えることができます

4X2 / 137

# HOW TO USE PRODUCT GUIDE

### AK045
**ダークブラウンウォッシュ**
グリーン系車輌用

ウォッシング塗料は筋汚れ用塗料とはまったく異なります。適切な濃度、グリーン系の車輌のディテールを確実に引き出す色調など、完璧に調整されたウォッシング専用カラーであり、もはやエナメル系塗料を薄めて自作する必要はありません。

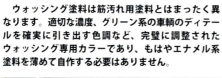

面相筆を使い、隅や凹みの周辺にウォッシングします。数分待って塗料を乾燥させた後、不要な塗料をAK011専用溶剤を含ませたきれいな筆で拭き取ります

ウォッシングを行なった結果、車輌のあらゆるモールドと膨らみが強調されます。また車体に影を付ける用途にも使用できるでしょう

車輌以外にも、いろいろなものに応用可能です

# GENERAL USAGE

# HOW TO USE PRODUCT GUIDE

### AK079
**ウェットエフェクトフルード**

雨、水たまり、流れる水、類似する同様の効果は、この塗料を使用することで簡単に再現可能です。どんなタイプの車輌にも対応し、いろいろな湿った効果を非常にリアルにシミュレートできる製品です。単なるツヤの出るクリアーではなく、表面の性質に応じてツヤの強さがさまざまに変化する効果を出せるように、特別に調整されています。

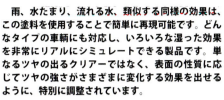

寒冷地での湿気の効果を作り出す場合は、この塗料を該当の部分に塗り、乾燥する前にAK011専用溶剤を含ませたきれいな筆を使って、思ったような効果となるように馴染ませてください

ちょっと滞留した水や地面の水たまりも表現できます

他の適用例

ビンから直接塗ったり、AK011専用溶剤で希釈して薄い層を何度も塗り重ねたり、その間の乾燥時間を調整したりすることで、汚れ、こぼれ、湿気、その他数多くのいろいろな効果を作り出すことができます

# GENERAL USAGE

## HOW TO USE PRODUCT GUIDE

### AK081
ダークアース

ピグメントは、粉状のまま、あるいは希釈してペースト状でも、使い心地と期待する効果に応じて使い分けることができます。ピグメントを適用するもっともよい方法は、AK011専用溶剤またはAK048 AKピグメント定着液を加えて塗ることです。また、石膏粉や細かい砂や石と混ぜて、泥だらけの様子を作ることもできます。あなたの想像力で無限の可能性が広がります。

ピグメントを粉のまま使用する場合、軽く叩くように塗布すると、簡単に明るい埃汚れを作り出せます

履帯には筆でピグメントをすくって塗布し、中心部分に集めるようにします

専用溶剤またはピグメント定着液を垂らして乾燥させれば、ピグメントは定着します

以上の簡単な方法で素晴らしい結果が得られます。またツヤありクリアーを少量加えれば、湿った泥を作ることができます

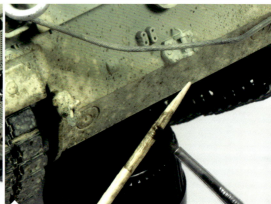

湿った泥、あるいは泥水汚れを再現する場合は、ピグメントと定着液／専用溶剤、そしてAK079ウェットエフェクトフルードを混ぜたものを使用します

泥水は自然に見えるように塗布します。筋汚れを適宜加えると、さらに効果を強めることができます

希釈したピグメントを筆に取り、ツマヨウジの上で弾くようにして、泥水が跳ねた様子を再現します

ツマヨウジを使わず、筆にエアブラシからの空気を吹き付ける方法もあります

140 / 4 × 2

# GENERAL USAGE

# HOW TO USE PRODUCT GUIDE

### AK088
**剥がれ表現液**
（チッピング控えめ）

専用の製品に優るものはありません。AK の剥がれ表現液は充分にテストされ、確実な結果をもたらします。このアクリル塗料は、異なる化学構造や成分、特性などがメーカーや製品毎に異なるため、不安定な結果を引き起こすヘアスプレーを不要とするものです。ヘアスプレーに優る AK の剥がれ表現液の長所は、剥がれの強さを選択できることです。弱い引っかき傷には AK088 剥がれ表現液を選択しましょう。筆やエアブラシを使用して適用できるのも、ヘアスプレーでは不可能なことです。

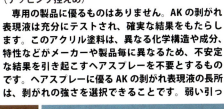

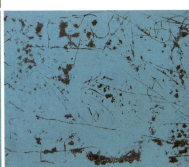

明るいサビ色の塗料をスポンジの小片で叩くように塗り、点付けによる表面の質感を作り出します

さらに明るいサビ色で同様のテクニックを使い、点を増やします

剥がれ表現液を、そのままエアブラシで塗布します。必要に応じて、乾燥時間を置いてから2回目の塗布を行ないます。表現液は数分で乾燥します

エアブラシで車体の基本色を吹き付けます

基本色が乾いたら、表面の色を剥がすために水で表面を湿らせ、下地の色を露出させましょう。この作業では、いろいろな種類の筆、ツマヨウジ、針先など、さまざまなツールを使うことで、異なるタイプの剥がれ方を作り出せます

剥がれかけた冬季迷彩の再現にも有効に使用できます

# GENERAL USAGE

## HOW TO USE PRODUCT GUIDE

### AK089 剥がれ表現液・強
（チッピング多め）

専用の製品に優るものはありません。AK の剥がれ表現液は充分にテストされ、確実な結果をもたらします。このアクリル塗料は、異なる化学構造や成分、特性などがメーカーや製品毎に異なるため、不安定な結果を引き起こすヘアスプレーを不要とするものです。ヘアスプレーに優る AK の剥がれ表現液の長所は、剥がれの強さを選択できることです。強い大きな剥がれには AK089 剥がれ表現液・強を使いましょう。筆やエアブラシを使用して適用できるのも、ヘアスプレーでは不可能なことです。

まず最初に、パーツの全体あるいは一部にサビ色を塗装します

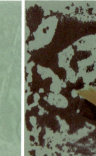

それからエアブラシを使用して、剥がれ表現液・強を2回塗布します

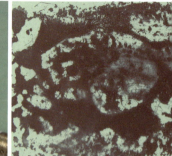

乾燥後、剥がす表面色（この場合はライトグレー）を塗布します

表面を水で湿らせて、硬い穂先の筆で塗装面を擦ると、表面の塗料が剥がれ始めます。思い通りの結果となるように、ツマヨウジや針先などを使って仕上げましょう

塗装した対象物自体が擦れたり、ショックを受けたりすることで、異なる剥がれ効果を生み出せます

剥がれた効果が、AK088剥がれ表現液と異なっていることに注目してください

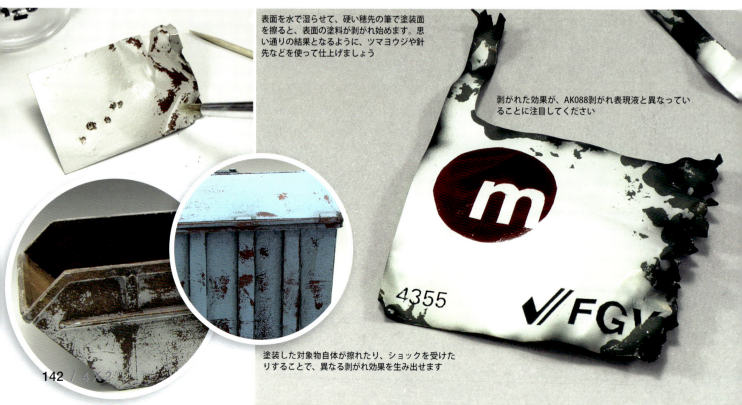

# シリーズ最高の製作ガイド誕生！

### 魅了する驚異の製作技術があなたを変える

### ディオラマ製作と環境表現方法を完全ガイド

## AK8000
# DIORAMAS F.A.Q.
## BY RUBEN GONZALEZ

ディオラマ F.A.Q　　ルーベン・ゴンザレス著（SMC2016 金賞）

ディオラマ製作と環境を表現する技術を解説する完全ガイドが遂にリリース！SMC2016金賞を獲得したマスターモデラー、ルーベン・ゴンザレスが模型製作の秘密テクニックの全てを本書で公開します。様々な状況における地形、痕跡などの表現方法、雪、雨、乾燥地など、天候ごとのウェザリング方法など、考えられる状況の表現方法を細かく解説します。ディオラマ製作の工程で起こりうる様々な困難な問題の解決策を全てカバーする、完璧にして究極の製作ガイドです。モデリングに必携の一冊です。

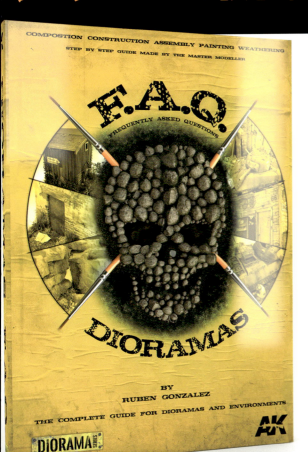

# 新シリーズ「ディオラマ」登場

### 30種類以上の新製品

長期にわたり研究、実験、検証を重ねたディオラマ用マテリアルの新シリーズ「ディオラマ」を遂にリリースします。
水から雪、さらに乾地、湿地、アスファルト、コンクリート他、様々な種類の地面用素材を用意。また、筆などを使用して車両や建物にリアリズム溢れるスプラッター（飛び散り）効果を再現することも可能。さらに、最高のリアルな水の表現を作り出せる二つのコンビ製品や、微細なグラスバブル粒子を利用した雪表現用製品など、驚きの品々が豊富に揃います。この新シリーズを使えば、ディオラマが信じられないほど簡単に、そして楽しく製作することができます。

FIND THEM ONLINE AND AT YOUR LOCAL STORE

www.ak-interactive.com
Phone & Fax: (+34) 941 22 30 64
info@ak-interactive.com